TM은 결과로 말한다

TM은 결과로 말한다

김수경 지음

두드림미디어

prologue

"어떻게 그렇게 꾸준히 일을 잘해?"

텔레마케팅을 하면서 정말 자주 들었던 말이다.

나는 25살에 보험사에 입사해서 현재까지 16년 차 텔레마케터로 일하고 있다. 나처럼 젊은 나이에 입사한 동료들은 몇몇 있었지만 어린 나이에 입사해 이렇게 꾸준하게 장기간 근무하는 사람은 정말 손에 꼽을 정도로 거의 없다. 처음에는 돈을 많이 주니까 어떤 일인지도 모르고 들어왔다가 수많은 고객들에게 거절당하고 자존심이 상해서 그만두는 경우가 정말 많았다. 단순히 전화로 계약을 많이 하는 것이 다가 아니었다. 텔레마케터들은 계약을 많이 하는 것도 중요하지만 멘탈 관리, 마인드 관리가 가장 중요했다. 스스로 멘탈, 마인드 관리만 잘된다면 계약은 따

놓은 당상이기 때문이다.

　16년 동안 수많은 고객들을 만나면서 일하는 보람도 많이 느꼈지만 당장 그만두고 싶게 하는 고객들도 많았다. 그럼에도 불구하고 내가 지금까지 텔레마케터로 성공할 수 있었던 것은 안된다고 겁먹고 포기 하는 것이 아니라 안되면 어떻게 하면 되는지 할 수 있는 방법을 찾았기 때문이다.

　이 책은 텔레마케팅에 대한 나의 생각과 경험과 깨달음을 모두 담고 있다. 책은 총 5장으로 구성되어 있다. 1장에서는 텔레마케팅을 열심히는 하는데 왜 계약이 쉽게 되지 않는지에 대해 이야기한다. 2장에서는 텔레마케팅이 얼마나 매력적인 직업인지에 대해 알려준다. 3장에서는 어떻게 하면 계약을 쉽고 빠르게 잘할 수 있는지에 대해 설명한다. 4장에서는 텔레마케팅의 핵심 기술과 노하우들을 제시한다. 마지막으로 5장에서는 텔레마케팅으로 성공적인 인생을 살 수 있음을 강조한다.

이 책이 나오기까지 큰 도움을 주신 〈한국책쓰기강사양성협회〉의 김태광 대표 코치님과 항상 강력한 동기부여로 할 수 있다는 자신감을 가득 채워주신 〈위닝북스〉 권동희 대표님께 감사드린다. 내 인생을 가장 나답게 살아갈 수 있도록 아낌없는 조언뿐 아니라 '나'라는 영혼이 지구 별에 온 목적에 대해 알게 해주시면서 특별하게 살게 해주셨다.

마지막으로 내가 가고자 하는 길을 아낌없이 응원해주고 믿어주었던 사랑하는 나의 가족들, 특히 변화를 가장 무서워했던 나

에게 강한 자극을 줘서 하고 싶은 것을 마음껏 하면서 살 수 있
게 도와준 사랑하는 예쁜 내 여동생에게도 감사의 말을 전하고
싶다.

김수경

Contents

1장
인생 자체가 세일즈다

인생 자체가 세일즈다

　나는 어렸을 적부터 내성적인 성격에 얌전한 아이였다. 그저 성실과 정직이라는 가훈 아래 부모님 말씀 잘 듣고 반항 한번 해보지 않은 착한 아이였다. 그런데 지금 와서 생각해보면 나는 착한 것이 아니라 그냥 내 마음을 잘 표현하지 못했던 소극적인 아이였던 것 같다. 그냥 하라고 하면 말없이 하는 그런 아이? 성격대로 초등학교, 중학교도 얌전히 고창에서 졸업했고, 중학교에서 고등학교에 갈 때는 학교를 성적에 따라 선택을 할 수 있었다.

　나는 사실 선생님이 되고 싶었다. 친구들 따라 가까운 인문고에 들어가서 훗날 선생님이 되어 아이들을 가르치는 상상만 해도 행복했던 기억이 있다. 그런데 엄마는 전주에서 이미 고등학교에 다니고 있던 언니를 따라 내가 그 과정을 그대로 밟아 주길 원했다. 두 살 터울인 언니는 이미 전주 고모 댁에서 하숙하며 여상을 다니고 있었고, 일주일에 한 번씩 고창 집에 들렀다. 제법 적응을 잘하고 있었기에 엄마는 나를 언니가 있는 전주에 맡기고 싶었던 것 같다. 그리고 고모를 많이 의지하셨다.

친구들과 떨어지는 것도 싫었지만 어린 나이에 엄마를 떠나 고모 댁에 있는 것이 싫었다. 무엇보다 남들 다 가는 대학도 못 가고 여상에 가는 것이 너무 싫었다. 가정 형편상 엄마는 나를 대학에 보낼 수는 없었던지라 학교만 갔다 오면 식성이 남달랐던 나에게 좋아하는 밥과 반찬으로 설득하셨다. 나는 맛있게 먹기만 했지, 엄마 말을 듣지 않았다. 능력 없는 엄마가 그냥 싫었다.

그래서 학교 갔다 오면 하루 종일 집에서 노는 것만 같은 엄마가 미워서 동네 아줌마들이 모여 이야기하는 데서 고함을 치며 "다른 엄마들은 돈 벌러 다니는데 엄마는 하루 종일 뭐해? 그러니까 살만 찌지"라고 말한 적도 있다. 어떻게 해서든 엄마 기분을 나쁘게 하고 싶었다. 다른 때 같았으면 빗자루나 손이 날아와서 얻어맞았을 텐데 그날따라 엄마는 한마디도 하지 않으시고 귀했던 돼지고기를 아껴두셨다가 맛있는 제육볶음을 해주셨다. 그러고는 "엄마 말대로 전주로 갈 거지?"라고 하셨다. 답하기 싫었지만 아까 버릇없이 말한 게 너무 미안해서 눈물이 났다. 엄마 마음을 모르는 것은 아니지만 그냥 이런 어려운 가정 형편 때문에 나의 꿈을 포기해야 했던 것이 너무 싫었다.

욕심으로 될 일이 아니라는 것을 알고 나는 엄마의 뜻대로 전주에 올라갔다. 다행히 언니가 있어서 고모 댁에서의 생활은 힘들지 않았다. 학교 공부도 열심히 했고 학원을 열심히 다니며 학교에서 원하는 자격증도 두루두루 빨리 취득했다. 학교에서는 공부도 상위권을 놓치지 않고 즐겁게 잘 다녔다. 여상은 3학년이 되면 인문반과 취업반으로 나뉜다.

대기업 취업 자리가 나오면 상위권 먼저 면접을 보게 된다. 나는 담임 선생님 소개로 삼성증권 면접을 보게 됐고 빨리 취업해서 성공하고 싶었다. 다행히 성적은 우수했고 인상도 참해서 면접은 한 번에 합격했고 회사 생활도 잘 적응해 나갔다. 업무도 열심히 했고 회사에서 요구하는 자격증도 빨리 취득해서 단순 업무뿐만 아니라 펀드도 팔아보고 펀드 판매 실적이 유난히 높아 지점장님께 칭찬도 받았다.

그렇게 4년을 일했을 때쯤 나는 다시 공부가 하고 싶어졌다. 회사를 그만두고 대학에 들어갔다. 대학을 졸업하고 영양사 면허증을 땄지만, 영양사는 일하는 것에 비해 돈을 적게 번다는 소리를 들었다. 그래서 영양사로 취업하지 않고 서울로 상경을 했다. 서울로 와서 직장을 알아보는 조건은 무조건 돈을 많이 벌어야 하고, 남들 쉴 때 쉬고 칼퇴근하는 조건이었다. 인터넷으로 알아보다가 보험사를 알게 됐고 단순 사무직으로 일하는데 돈도 많이 준다고 적혀 있었다. 연장근무가 없다고 하니 나랑 딱 맞아 떨어졌다.

면접은 한 번에 합격했고 첫 출근을 했는데 업무를 하려면 보험설계사라는 자격증 시험을 봐야 한다고 했다. 합격과 동시에 어떤 일을 하는지 교육받았다. 단순 사무직이 아니라 이벤트에 응해준 고객 정보를 가지고 전화해서 보험을 판매하는 것이었다. 보험의 '보' 자도 모르는 내가 단순히 돈을 많이 준다는 이유로 왔는데 보험 영업을 한다니 너무 생소했다. 두려웠다.

실장님은 선배님들의 콜을 모니터링 시켰고 매일 세 개씩 콜 뜨기*를 시켰다. 통화하는 내용을 받아쓴다는 것은 정말 쉬운 게 아니었다. 이러려고 내가 서울에 왔던가? 모르는 사람한테 전화해서 보험 파는 것도 너무 무섭고 두려웠다. 하루 종일 기가 다 빠지는 것 같았다. 집에 오면 녹초가 되는데 매일 세 개씩 콜을 듣고 적어오라니… 그것 때문에 참 많이 울었다.

* 콜뜨기 : 청취하면서 상담 멘트를 따라 적는 것을 말한다.

그래도 나에게는 포기란 없었다. 나는 무조건 돈을 많이 벌어서 부모님 용돈도 많이 드리고 성공하고 싶었다. 힘들 때마다 나를 일으켜준 《성경》의 여호수아 1장 9절 말씀이 있다.

"내가 네게 명령한 것이 아니냐. 강하고 담대하라. 두려워하지 말며 놀라지 말라. 네가 어디로 가든지 네 하나님 여호와가 너와 함께하느니라 하시니라."

'나와 함께하시는 하나님. 나는 할 수 없지만 내 안에 세상보다 크신 하나님은 뭐든지 할 수 있으리라'라는 마음을 먹고, 가르침 그대로 반복 또 반복했다. 콜을 시작한 지 2주 만에 첫 계약을 했다. 20년 가까이 이 일을 하는 지금도 첫 고객의 이름을 잊지 않고 기억한다. 그 당시에는 세상을 다 얻은 기분이었다.

그 고객을 계기로 자신감이 붙었고 나는 하루에도 3~4개씩 계약 녹취를 읽었다. 단순히 보험을 팔고 끝나는 것이 아니라 나는 내가 하는 일에 사명을 가졌고 나의 가치를 팔기 위해 애를 썼다. 마음을 다해 상담했고 나의 능력을 마음껏 세일즈 했다. 고객을 이해하고 소통하며 효과적인 커뮤니케이션 스킬 또한 갖췄다. 고객의 마음을 사로잡는 매력 또한 있었다. 그 결과 나는 입사하자마자 바로 다음 달 시상 때 팀 전체 1등을 했다. 신입사원이 기존

선배들을 제치고 1등을 한 것은 처음이라고 했다. 너무 뿌듯했다.

보험 실적이 상위인 사람들은 매달 문화생활도 시켜줬다. 고급 식당에 가서 대접받는 저녁 식사와 VIP 자리에서 보는 뮤지컬, 연극, 콘서트 등 정말 행복했다. 그리고 매년 해외여행도 보내줬다. 내가 하는 일이 영업이 아니라 영양사였다면 이 호강을 누릴 수 있었을까? 영업하는 인생이 나를 정말 기쁘게 하고 풍요를 누리게 해줬다.

지금 생각해보면 내가 하루아침에 영업을 잘할 수 있었던 것은 아니었다. 삼성증권에 입사해 수많은 사람들을 상대하면서 어려움도 있었고, 시련과 좌절도 많았다. 이런 시련과 아픔들이 나를 한 단계씩 성장시켜줬던 것이다. 증권회사에서 배웠던 고객 관리, 말투, 미소, 펀드 판매를 비롯한 나의 모든 경험은 다 배움이 됐다. 성격이 외향적이라고 해서 영업을 잘하는 것은 아니었다. 내성적인 나도 영업을 꽤 잘하는 것을 보면 누구나 열정과 도전만 있다면 할 수 있다.

여러분도 무언가를 새로 도전한다는 것은 두려움이 클 것이다. 특히 전혀 모르는 사람에게 전화 한 통화로 설득해서 계약을 성사한다는 것은 더없이 놀랄 일일지도 모른다. 이래저래 생각만 많고, 행동하지 않으면 아무것도 할 수 없는 사람이 되는 것이다. 모든 것은 마음먹기에 달렸다. 나 자신을 믿으면 된다.

　내 삶도 돌아볼 때 인생 자체가 세일즈였다. 어릴 적에 학교 진로를 두고 부모님을 설득했고, 증권회사에 입사해서 새로운 펀드가 나올 때마다 고객을 이해시키고 설득했으며, 보험회사에 입사해서 보험을 이해시키고 설득했다. 이제는 업무적인 것뿐만이 아니라 그동안 내가 배웠던 경험과 지식과 깨달음을 또 세일즈 할 것이다. 나의 노하우를 아낌없이 이 책에 쏟아부을 것이다. 나를 원하는 사람들에게 선한 영향력을 끼치는 사람이 될 것이다.

　내가 그동안에 해왔던 과정들을 그대로 따라 하기만 하면, 누구나 쉽게 무자본으로 억대 연봉을 받을 수 있다. 인생이라는 것은 내 생각을 다른 사람들에게 이해시키고 공감하게 만드는 활동의 연속이라고 생각해볼 때 '인생 자체가 세일즈다'라고 말할 수 있지 않을까?

　모든 성공은 꿈을 가지는 데서부터 시작된다. 오직 꿈을 위해 지금의 과정들을 절대 포기하지 말고, 앞만 보고 나아가길 바란다.

말투만 바꿔도 더 팔 수 있다

말은 하나님이 자신의 형상을 닮은 우리에게 주신 특별한 능력이다. 그래서 우리의 말에는 능력이 있다. 말로 사람을 살리기도 하고 죽이기도 한다.

나는 전화로 고객에게 보험을 파는 일을 한다. 말투와 억양 하나로 고객을 기분 좋게도 하지만, 더러는 큰 민원의 소지를 제공하기도 한다. 그래서 내 내면을 먼저 살피는 게 나에게는 습관화되어 있다. 내 기분이 좋고 내 내면이 행복해야 기쁜 감정이 말로 표현되어 나올 테니까.

그날도 어김없이 나는 콜을 돌렸다. 기존 보험을 유지하는 고객에게 암 진단 자금을 추가해 보장을 크게 해주려고 했다. 그런데 그날따라 고객은 암보험 안내 설명에는 관심이 없었다. 기존의 보험들에 대해서만 계속 물어봤다. 여러 개의 보험에 가입되어 있는 고객이었다.

고객은 그동안 걸려 온 전화를 거절할 수 없어 그냥 보험에 가입해줬다. 그런데 아직도 가입할 보험이 남았냐며 화를 냈다. 고객의 입장이 충분히 이해됐다. 보험을 유지하고 있는 고객에게 계속 추가 보험 가입을 안내하는 것은 내 마음에도 찔리는 일이었기 때문이다.

나는 이런 고객을 만나면 무조건 고객의 말을 들어주려 노력했다. 고객의 말을 경청하고 공감해주는 센스가 필요한 지점이니까.

나는 고객에게 보장 내용을 하나하나 자세히 설명해드렸다. 고객이 질문할 때마다 온 마음과 정성을 다해 대답해줬다. 고객은 "설명은 너무 잘 들었어요. 그런데 내가 가입한 보험이 너무 많은 거 아니에요?"라고 훅 치고 들어왔다.

"고객님, 맞습니다. 고객님 마음은 충분히 이해됩니다. 그런데 고객님의 보험이 많고 적고보다는 얼마나 고객님에게 필요한 보장들이 확실히 들어가 있는지가 중요합니다. 고객님은 정말 꼼꼼하게 보험을 잘 준비하고 계세요. 이대로만 유지하셔도 보장받는 데는 큰 문제가 없으실 것 같고요. 건강검진만 꾸준히 잘 받으시면 될 것 같아요. 건강하셔서 보장받을 일이 없으셔야 하겠지만, 혹시라도 보장받을 일 있으시면 부담 갖지 마시고 연락해주세요."

이렇게 안내하고 나는 그 고객과의 상담을 종료했다. 그런데 그 고객이 며칠 후 다시 연락해왔다. 상담 메모장에는 '더는 보험 권유하지 말기'라고 메모해 있었다. 그때 뜻밖에도 고객님이 밝은 목소리로 "김수경 씨, 그때 내가 귀찮게 보험에 대해 이것저것 물어봤을 때 하나하나 너무 쉽게 설명해줘서 고마웠어요. 다른 상담원들은 보험 팔려고 전화했다가 내가 가입은 하지 않고 다른 정보를 물어보면 목소리와 말투가 확 바뀌곤 했거든요. 그래서 기분이 너무 나빴는데, 김수경 씨는 1시간을 넘게 상담해도 상냥한 말투를 잃지 않아서 정말 감동했어요. 내 아내도 나와 똑같은 것으로, 보장 좋은 것으로 보험료는 부담 갖지 말고 설계해주세요" 하는 것이었다.

나는 이런 고객들을 상대한 적이 참 많았다. 단순히 내가 상품을 잘 팔아서라기보다는 내 말투에 고객들이 감동하는 것 같다는 생각을 많이 했다. 나는 고객들이 있어 내가 이 자리에 있다는 생각을 잊지 않았다. 늘 감사하는 마음으로 고객의 모든 것을 받아들이려 했다. 진심은 통하는 법인가 보다.

고객은 빠르게 자기 할 말만 하는 상담원을 좋아하지 않았다. 잘 들어주고 공감해주는 상담원에게 보험 설계를 맡기고 싶어 했다. 상대의 말에 진심으로 귀 기울이는 것이야말로 상대에 대한 최고의 배려가 아닐까 싶다. 덕분에 나는 꾸준히 높은 실적을 올릴 수 있었다.

하루는 암보험에 가입한 고객이 나를 찾았다. 설명을 잘해줘서 가입했는데, "아무리 생각해봐도 보험료가 부담된다. 나는 암 가족력도 없다. 암에도 안 걸릴 것 같다" 그러면서 정중히 철회를 요청하셨다. 마음은 좋지 않았지만, 나는 취소해주더라도 할 수 있는 최선은 다해보고 싶었다. 그러면 나 자신에게 조금 위로가 되지 않을까 해서.

"고객님, 가입하신 보험의 청약 철회를 요청하셔서 전화를 드렸습니다. 신중하게 생각하셔서 전화 주셨을 텐데요. 취소는 1분 안으로 바로 도와드릴 수 있습니다. 그런데 재가입이 쉽지 않습니다. 오늘 오전에도 고객님 한 분이 전화해 이야기하시더라고요. 아무 증상이 없으셨는데 우연히 국가 건강검진을 받다가 암을 발견하셨다는 거예요. 제가 암 진단받고 치료하면서 제일 힘든 게 뭔지 물어봤더니, 경제적인 어려움이라고 하시더라고요.

정신적 충격도 충격이지만, 아무리 희망을 품으려 해도 경제적인 부담은 현실이잖아요. 국가 지원에는 한계가 있는 만큼, 지금 부담 없는 보험료로 준비하시고 보장받으실 때는 제대로 보장받는 게 정답 아닐까요? 어렵게 결정해서 가입하신 만큼 한 번만 더 생각해보시는 게 어떠실까요? 고객님 생각은 어떠세요?"

고객의 침묵이 한참 이어졌다. 결국, 한 번 더 생각해보겠다고 하셨고, 유지도 정말 잘해주셨다. 마음을 다해 상담하면 고객의 마음은 움직이게 마련이다. 중요한 것은 자신감이다. 청약 철회가 들어온 것을 유지하게 하는 것은 계약 하나를 딴 거나 다름없다.

고객의 철회 전화가 오면 상담원이라면 누구나 두려움을 갖는다. 주눅 들거나 움츠러든다. 하지만 그럴 필요 없다. 철회하고 연락 안 받고 잠적한 고객이 아닌 이상 나를 찾았다는 것은 희망이 있다는 뜻이다. 오히려 더 기쁘고 밝게 응대하면 좋은 결과는 따 놓은 당상이다.

나는 매일매일 수십 명의 고객을 전화로 만났다. 많이 부닥치고 접해봐야 고객들의 성향을 알게 되고 영업에 활용할 수 있다. 전화 받는 고객들의 말투가 억세거나 싸우려 드는 모양새일 때마다 기분이 상했다. 바쁜 업무 중에도 수십 통의 마케팅 전화를 받아주는 고객들이 사실은 너무나 고맙다. 하지만 나를 거절하는 것이 아닌데도 계속 상담을 거절당하다 보면 기분이 좋지만은 않았다.

그러면 나 또한 말투에 화가 실려 나갔다. 전화 끊고 속으로 '바쁘면 전화 안 받으면 될 것을 받아놓고 난리야' 하고 혼자 중얼거렸다. 문제는 이런 부정적인 생각이 계속 내 머릿속을 헤집으며 일을 방해한다는 것이었다. 나는 이런 생각을 빠르게 훌훌 털어버리고 다시 밝은 목소리로, 좋은 말투로 다른 고객을 만나러 전화를 돌리곤 했다.

나는 기계가 아닌 감정이 있는 사람이다. 때로는 말 한마디에 상처 입고, 말 한마디에 행복해지는 일이 너무 많다. 그래서 나는 함부로 말을 내뱉고 배려심 없는 사람을 극도로 싫어했다. 반대로 한마디를 하더라도 말을 예쁘게 하면 그 사람의 모든 게 다 좋아 보였다.

황현진 작가는《세일즈, 말부터 바꿔라》에서 이렇게 말했다.

"역설적이게도 세일즈는 '무엇'을 설명하느냐가 중요한 게 아닐 수 있다. 더 중요한 것은 '누구'에게 설명하느냐다. 말장난처럼 들릴 수도 있으나 고객에게 맞춰 설명 수준을 결정하는 것은 굉장히 중요한 일이다. 고객의 수준에 맞춰 직설적으로 설명하든 돌려서 설명하든 다 좋다. 어떤 방법이든 '현재 쓰는 것보다 열두 배 더 빠르다'라는 사실을 전할 수 있다면, 당신의 세일즈는 성공이다. 그거면 충분하다."

지금 전화 계약 능력이 부족하다고 해서 좌절할 필요는 전혀 없다. 콜 능력은 꾸준히 상위권 상담자의 콜에 귀 기울이며 콜뜨기를 반복하면 무조건 늘게 되어 있다. 콜 능력을 키우기 위해 포기하기보다 매일 거듭해 반복하고 모방하다 보면 어느 순간 계약이 터지는 것을 경험할 수 있다. 그리고 자신의 콜 능력이 향상해 있는 것을 느끼게 된다. 말투 하나만 제대로 배워서 바꿔 줘도 엄청난 성과를 올릴 수 있는 것이다.

사람은 누구나 자신의 분야에서 최고가 될 수 있다. 부러우면 지고, 미치면 이기는 것이다. 여러분도 독하게 살고 독하게 노력해서 최고의 실적을 올리길 바란다.

정확하고 쉽게 핵심만 설명하라

　나는 2007년 12월, 보험회사에 입사했다. 보험 경력도 전혀 없던 내가 보험회사를 선택했던 것은 출퇴근 시간이 명확해서였다. 처음에는 무슨 일을 하는지도 몰랐다. 그저 급여를 월등히 많이 준다는 것이 매력적으로 다가왔다. 면접을 통과하고 신입 교육을 받으면서 너무 생소한 보험용어들을 접하게 됐다.

　그중 보험료, 보험금, 보험계약자, 피보험자, 보험수익자 등의 용어는 기본적인 것들이라 자세히 공부하지 않을 수가 없었다. 보험상품의 종류는 또 얼마나 많은지 산 넘어 산이었다. 퇴근하고 집에 오면 회사에서 내주는 숙제 말고도 따로 보험을 공부하느라 바빴다. 나는 성격상 정확히 알지 못하는 이야기는 타인 앞에서 잘 풀어놓지 못한다. 그래서 확실하게 보험을 숙지하기 위해 더 열심히 공부했다.

　나는 나를 만나는 고객에게만큼은 최고의 상담원이 되고 싶었다. 무엇보다 내 일을 좋아했을뿐더러 큰 자부심을 느끼고 있었다. 이런 마음은 이 일을 하며 지금까지도 꾸준히 좋은 성적을 내는 원동력이 되어줬다.

내가 하는 텔레마케팅(TM)은 회사에서 제공해주는 데이터베이스(DB)로 고객에게 전화를 걸어 보험을 계약하는 일이다. 일하다 보면 보험을 처음 접하는 고객들도 많다. 그러니 내가 보험에 대해 잘 안다고, 고객도 당연히 그러리라 전제하고 주야장천 설명만 해서는 안 된다.

어떤 상담원은 생각할 틈을 주면 고객이 달아나거나 계약을 거절할까 봐 빠른 속도로 스크립트만 읽기도 한다. 그러면 무슨 말을 하는지 잘 알아듣지도, 이해하지도 못하는 고객은 "그냥 생각해볼게요" 하고 전화를 끊어버린다. 결국, 상담원도 지치고 소중한 고객도 놓치는 꼴밖에 안 된다. 이런 일들이 의외로 아주 많다.

나도 신입 때는 회사에서 제공해준 스크립트를 무조건 읽기 바빴다. 그러면서 버벅대기 일쑤였고, 나 자신도 내가 무슨 말을 하고 있는지 모를 때가 많았다. 그 때문에, 고객을 참 많이 놓치기도 했다. 상담하다 보면 단순히 상품이 좋아서 가입하는 고객은 별로 없었다. 그저 상담원이 좋다고 하니 그런가 보다 하며 가입하는 경우가 훨씬 많았다.

지금도 생생히 기억나는 일이 있다. 자영업을 하는 40대 초반의 기혼 남성 고객이었다. 종신보험이었고, 오랜 기간이 지나 필요 없다 싶으면 연금으로 전환할 수도 있는 상품이었다. 공시이율로 복리 이자가 붙는 상품이었지만, 20년 넘게 보험료를 불입해야 했다. 불입 기간이 끝난 후에도 10년 이상 그대로 거치해놓아야 했다. 하지만 그때부터 이자가 기하급수적으로 불어나기 시작하는 상품이었다. 나름 쉽게 설명하려 애썼는데 고객은 잘 못 알아들은 듯했다.

텔레마케팅은 고객을 직접 만나 눈을 마주하고 설명하지 못한다는 맹점이 있다. 그 때문에 빠르고 정확하고 쉽게 핵심만 짚어주는 것이 중요하다. 내가 핵심을 짚어가며 쉽게 설명해주는데도, 고객은 본인이 듣고 싶은 내용만 본인 방식으로 해석하는 경우가 많았다. 예를 들면 이자에 이자가 눈덩이처럼 붙는 복리 저축 상품을 들 수 있다. 나는 천천히 또박또박 꼭 알아야 할 부분을 짚어가며 고객에게 이 상품에 대해 정확히 설명해줬다.

"고객님, 이것은 보험상품이라서 사망보험금이 나가는 위험 보장이 있습니다. 대신 중간에 해약하시면 손해를 보십니다. 사람은 누구나 한번 태어나고 일찍 죽기도 하고 오래 살기도 하잖아요? 은행 저축은 불입하다가 사망하시면 내가 낸 돈 원금과 이자만 가족들한테 나가지요. 하지만 제가 안내해드리는 상품은 불입하다가 혹시라도 예기치 않게 사망하시게 되면 현금 1억 원이 가족들한테 지급됩니다. 반대로 자식들이 다 크고 출가해서 종신보험이 필요 없다 싶으시면 연금으로 전환하셔도 되고요.

매달 연금으로 받는 게 싫고 목돈으로 받고 싶으시면 해약해서 찾아가셔도 되세요. 한 치 앞도 모르는 게 사람 일이라고 하잖아요. 집안의 가장이시면 하나 정도는 가입해두시는 게 든든하실 거예요. 불입 기간 중간에 해약만 하지 않으신다면 정말 잘 들어놨다는 생각이 드실 것입니다."

보험은 계약 내용을 정확히 고객에게 인지시키는 것이 중요하다. 많이 파는 것도 중요하지만 정확하게 판매하는 것이 훨씬 더 중요하다. 그러기 위해서는 내가 판매하고자 하는 상품에 대해 확실히 알아야 한다. 고객의 니즈 또한 빨리 파악해낼 수 있어야 한다.

내 추천을 받아 이 종신보험에 가입한 고객은 부부 가입으로 추가 계약을 해주셨다. 고객은 "아무 준비도 되어 있지 못한 제게 도움 주셔서 너무나 감사하다"라며, 보험에 대해 또 궁금한 게 있으면 연락을 주신다며 전화를 끊으셨다. 이럴 때면 보람을 느낄뿐더러 성취감이 내 가슴을 꽉 채우곤 했다.

또 한 고객은 60대 여성분으로 전업주부셨다. 전체 보장 분석을 해봤을 때 정말 체계적으로 보험 설계가 잘되어 있던 고객이 었다. 그런데 단 하나 치매보험만 없었다. 특히 여성분이어서 나는 전체 상품 보장 분석을 해드리면서 치매보험을 권해봤다. 그런데 고객이 필요한 것은 알겠는데 너무 바쁘니 나중에 다시 전화 달라면서 끊으려고 했다. 그래서 나는 말의 속도를 줄이며 이렇게 천천히 말씀드렸다.

"고객님, 딱 3가지만 기억하시면 됩니다. 바쁘시다니 간단히만 말씀드리고 바로 종료할게요.
1. 평생 보험료가 오르지 않는 비갱신형.
2. 중증 치매 진단 시 돌아가실 때까지 매달 간병비 보장.
3. 치매 증상이 90일 지속되어야만 보장해준다는 단서 조항 없이 진단되면 바로 보장.
이게 전부입니다."

나는 보험료액만 알려드리고 바로 고객과 계약을 체결할 수 있었다.

상담하다 보면 때로는 내가 늘 해오던 방식으로만 계약이 되는 것은 아니었다. 반드시 설명을 다 해드린 후에야 계약에 나서는 것도 정답이 아니었다. 미흡한 부분은 계약이 성립되고 추후 관리해드릴 때 다시 서류를 살펴보며 보완할 부분을 재설명해도 충분했다. 상황에 따라 정확하고 쉽게 핵심만 간추려 넘버링해 짚어주면 됐다. 고객은 자신에게 필요하다고 판단하면 계약을 마다하지 않는다. 상품을 팔려는 데만 혈안이 되지 말고, 고객 스스로 결정하게끔 유도하는 것도 큰 능력이다.

장문정 작가의 《팔지 마라. 사게 하라》에 나오는 글이다.

"문장은 가급적 짧은 것이 좋다. 문장이 길면 귀에 들리지도 않고 집중력이 떨어지면서 산만해진다. 따라서 장문은 단문으로 바꿔야 한다. 말이 길면 안 된다. 짧게 말하라. 연습하면 가능하다. 말이 간결하면 핵심이 더욱 돋보여 상대방의 마음에 더 깊이 새겨진다."

텔레마케팅을 하다 보면 수많은 다른 상담원들의 콜을 듣게 된다. 배울 점도 많고 주옥같은 멘트는 메모해놨다가 그대로 사용하기도 했다. 반대로 쉬운 말을 너무 어렵게 해서 전문가인 나도 못 알아듣도록 설명하는 상담원도 있었다. 열심히만 말하기보다는 어디까지나 고객의 귀에 가서 꽂히게 군더더기 없이 정확하고 쉽게 핵심만 설명하자. 그리고 그런 상담원의 계약률이 훨씬 높다는 것을 명심하자.

우리가 기억해야 할 것은 말을 많이 하기보다는 정확하고 쉽게 핵심만 설명하는 것이다. 처음에는 어려울지 모른다. '모방은 창조의 어머니'라는 말이 있다. 하지만 상위 상담원들의 콜을 듣고 그것으로만 끝내면 아무 의미가 없다. 시간 낭비일 뿐이다. 텔레마케팅의 콜은 끊임없는 모방을 통해 상위 콜의 내용을 내 것으로, 내 입맛대로 창조해내는 작업이다. 반복 또 반복해서 보험 내용을 확실하게 숙지하는 것은 정말 중요하다. 그래야 자신감도 생기고 어떤 상황에 부닥쳐도, 고객이 어떤 상품에 대해 여쭤봐도 정확하고 쉽게 핵심만 설명할 수 있기 때문이다.

당신의 언어를 점검하라

혹시 당신의 텔레마케팅 화법이 고객에게 정말 잘 통하는지 테스트해본 적 있는가?

나는 출퇴근 시 지하철을 이용했다. 출퇴근하면서 눈을 감고 내가 상담원과 고객이 되어 서로 콜을 하는 상상을 자주 했다. 반론도 해보고 그 반론에 응대도 해보고 나의 언어나 말투로 상담했을 때 고객들의 반응을 내가 직접 느껴 보는 일 말이다. 남의 콜을 듣고 내 것으로 만드는 것도 중요하지만, 내가 나의 언어를 직접 들어보고 점검하는 것은 정말 많은 도움이 됐다. 텔레마케팅은 나의 언어를 듣고 관심을 끌게 하고 마음을 열어주는 고객이 있어야 계약이 잘 이루어진다. 내가 말을 유창하게 잘하고 못하고는 크게 중요하지 않다. 아무리 내가 말을 잘한다고 해도 정작 고객의 마음을 움직이지 못하면 아무 의미가 없다. 그래서 매일매일 멘탈 관리나 컨디션 관리는 텔레마케팅에 있어 선택이 아닌 필수라 하고 싶다.

나는 감정적으로 크게 기복이 있거나 하는 성격은 아니다. 좋은 게 좋은 거라고 상황을 잘 이해하고 받아들이려고 많이 노력한다. 그래서 이 일이 무난하게 잘 맞았는지도 모르겠다. 그런데 비가 오는 날이면, 특히나 장마 기간이 되면 관절이 약한 나는 극도로 예민해진다. 머리부터 발끝까지 온 관절 마디마디가 참을 수 없을 정도로 아프다. 칼로 뼈를 긁어내는 아픔이랄까?

쉽게 아프다는 말도 못 한다. 아프다고 하면 하나같이 하는 소리가 "너는 나이도 젊은 게 무슨 관절이 아프니? 애를 낳은 것도 아닌데"였다.

진통제로 간신히 버텨가며 일할 때가 많았다. 그런데 그날따라 진통제도 듣지 않고 컨디션은 아주 최악 상태였다. 그래도 일은 해야 했기에 어김없이 나는 콜을 받고 콜을 돌렸다. 인사만 해도 고객들이 뚝 끊기 바빴고, 나는 이미 목소리 자체에 짜증이 한 바가지 담겨 있었다.

가짜 웃음과 억지웃음을 지어가며 상담했다. 설명을 듣기만 하고 클로징을 하려고 하면 모두 도망가기 바빴고 가망 고객도 잡히지 않았다. 그래도 회사에 출근은 했으니 하루 목표는 채우고 가고 싶었다.

아직도 기억이 생생한 고객이 있다. 설명을 다 듣고 질문할 것도 다 했다. 나는 최선을 다해서 설명했다. 계약 녹취하려던 찰나 "상품 설명은 정말 잘해주시네요. 그런데 알기만 많이 알지 상담원의 진심이 전달되지 않네요. 업무량이 많으신가 봐요. 목소리가 너무 권위적이에요. 기분이 좋지는 않네요" 하고 끊어버렸다 한동안 전화를 끊고 멍하니 아무 생각도, 아무 말도 할 수가 없었다.

참 힘든 하루였다. 온몸과 마음이 지칠 대로 지쳐 있었다. '이 길이 내 길이 아닌가 봐' 하고 말이다.

《성경》 누가복음 6장 45절에 보면, "*선한 사람은 마음에 쌓은 선에서 선을 내고 악한 자는 그 쌓은 악에서 악을 내나니 이는 마음에 가득한 것을 입으로 말함이니라*"라고 했다.

육체적으로 몸이 아프니 나는 계속 짜증이 났다. 너무 속상해서 집에 와서 멍하니 앉아 있다가 소진영의 〈예수 늘 함께하시네〉라는 찬양으로 위로받았다. 고단한 인생길, 힘겨운 오늘을 겪은 내 마음을 예수님이 아시는 것 같아서였다.

늘 내 안에 계셔서 내 삶을 주관하시는 하나님으로부터 참 위로가 많이 됐다. 훌훌 또 털어버리고 내일은 또 내일의 태양이 뜨는 법이다. 다시 시작하면 되는 것이다.

론다 번(Rhonda Byrne)의 《시크릿》이라는 책을 나는 참 좋아한다. 가슴에 꽂히는 내용들이 많기 때문이다.

끌어당김의 법칙을 바라보는 가장 쉬운 관점은 나 자신을 자석이라고 가정하는 것이다. 자석은 물체를 자신에게 끌어당긴다. 당신은 우주에서 가장 강력한 자석이다. 당신 안에는 세상 그 무엇보다 강한 자기력이 깃들어 있고, 그 헤아릴 수 없는 자기력은 바로 당신 생각을 통해서 반영된다. 기본적으로 끌어당김의 법칙이란 비슷한 것끼리 끌어당긴다는 뜻이다. 물론 여기서는 '생각' 차원에서 끌어당김을 이야기한다. 지금 당신이 하는 생각이 앞으로 당신의 삶을 만들어낸다. 당신은 항상 생각하니까 늘 창조하는 삶을 사는 셈이다. 당신이 가장 많이 생각하고 집중하는 대상, 바로 그것이 당신 삶에 나타나리라.

나를 기다리는 고객을 상상하며 긍정적으로 일을 하면 몇 마디 안 해도 계약이 쏟아졌다. 내가 하는 것이 아니라 내 안에 하나님이 하신다는 생각을 정말 많이 했다. 그래서 늘 감사가 넘쳤다. 자주 생각하면 현실로 나타날 때가 참 많다. 그래서 나는 나의 기분을 항상 좋게 유지하려고 했다. 기분이 좋아야 상담도 잘되고 좋은 언어가 나오며 베풀 수 있는 것이다. 모든 것은 자신에게서 나오는 것이다. 내가 어떤 마음으로 임하고, 얼마나 나를 믿어주느냐에 따라 계약의 성과는 정말 몰라보게 달라진다. 상상하면 현실이 된다.

텔레마케팅은 채널이 여러 개가 있다. 내가 하는 일은 주로 아웃바운드로 세일즈를 하는 것이다.

병원에 갈 때마다 내가 얼마를 썼든지 상관없이 약관상 질병이든, 재해든 코드만 맞으면 통원할 때마다 통원비를 주는 어린이 보험을 판매할 때였다. 보험상품 중에 어린이 보험은 니즈가 정말 많다. 부모들의 자식 사랑은 말 안 해도 잘 알지 않는가.

출산율이 저조하다고 해도 어린이 보험은 고객들이 출산하고 직접 전화를 주셔서 계약하는 경우도 많았다. 보험 계약을 하면서 이런 상상도 많이 해봤다. 다둥이 자녀 어머님을 만나는 상상. 3명, 4명 우르르 가입해주는 상상. 건강한 병력 없는 아이들을 가입해주는 상상. 엄마들의 입소문으로 추가 계약하는 상상. 신기하게도 그 상상들이 모두 끌어당김으로 현실이 됐다.

때로는 텔레마케팅을 하다 보면 매일매일 계약만 하는 것은 또 아니다. 상담으로만 마치고 가망 고객을 잡는 경우도 많다. 전혀 보이지 않는 상품을 원콜에 계약을 결정한다는 것은 쉽지 않기 때문이다. 내가 말하고 싶은 것은 그날 계약이 없더라도 실망할 필요가 없다는 것이다. 계약이 잘 안될 때는 상심하지 말고 하루하루 상담에 최선을 다하면 된다. 나는 계약이 없는 날은 스스로 오늘은 씨앗을 뿌렸다고 생각한다. 씨앗을 뿌렸으면 반드시 꽃이 피고 열매를 맺는다. 언젠가 고객은 나를 기억하고 찾아준다. 이런 고객들이 너무너무 감사하다. 수많은 상담원 가운데 나를 믿고 찾아주신 것은 그만큼 고객님들께 진심이 전달됐기 때문이다.

항상 당신의 언어를 수시로 점검해보라. 언어 때문에 계약이 되고, 안 되고 하는 것이 우리 업무다. 하루아침에 되는 것은 없다. 계속 듣고 노력해야 이 분야에서 최고가 될 수 있는 것이다. 언어에 자신이 생기면 당신의 능력도 올라간다. 자신을 높이 평가하자. 자기 능력을 인정하고 자신을 소중히 여기다 보면 당신은 반드시 성공할 것이다.

마지막으로 오리슨 S. 마든(Orison Swett Marden)의 《아무도 가르쳐주지 않는 부의 비밀》의 내용처럼 평소에 자기 내면과의 대화를 실천하고 활용하면 좋을 것이다.

"나는 지금보다 나은 사람이 될 것이다."

"나는 더욱 성과를 올릴 것이다. 나는 그게 가능하다는 것을 알고 있으니까."

"나는 내면의 장점을 객관적으로 볼 때 바람직한 부분밖에 인정하지 않는다."

"나는 역경에 부딪혔을 때는 모두 좋은 방향으로 바꿔놓겠다."

"나는 항상 사람들을 격려하고 활력과 기쁨을 전달하는 말을 한다."

"나는 더욱더 많은 사람을 위해 봉사한다."

"나의 최대 소망은 인생에서 만나는 모든 사람을 풍요롭고 품위 있고 아름답게 하는 것이다."

TM은 고객의 마음을 얻는 일이다

"사랑? 웃기지 마. 이젠 돈으로 사겠어. 돈으로 사면 될 거 아냐. 얼마면 될까? 얼마면 되겠냐?"

"얼마나 줄 수 있는데요? 나 … 돈 필요해요. 돈 정말 필요해요."

TV 드라마 〈가을동화〉에서 주인공 한태석(원빈 역)과 윤은서(송혜교 역)가 나눈 유명한 대사다. 당시에 이 말 한번 안 해본 남자가 없을 정도였다. 과연 사람의 마음을 돈으로 살 수 있을까? 결론부터 말하면 생각은 움직일 수 있지만, 마음마저 얻지는 못한다. 진심으로 대하지 않으면 진심으로 따르지 않는 것이 세상 사는 이치다. 나는 세상에서 사람의 마음을 얻는 일이 최고로 힘든 일이 아닐까 생각한다.

텔레마케팅 업무를 하면서 늘 일을 시작하기 전에 하는 기도가 있다.

"오늘도 보험의 니즈가 있는 고객들을 만나게 해주셔서 감사드립니다. 그 고객들에게 제가 축복의 통로가 될 수 있도록 해주셔서 감사합니다. 오늘도 지혜 주실 하나님을 찬양합니다."

나는 특별한 일이 아니고서는 매사 내가 하는 일에 늘 자부심이 있었고, 나의 사명이라 생각하고 일에 임했다.

보험상품은 누구나 교육받고 시험을 보면 어느 정도는 쉽게 이해할 수 있다. 정말 고객들이 보험에 가입하면서 꼭 알아야 할 사항들만 제대로 숙지해놓으면 어려울 것이 없다. 신상품이 나와도 예전에 판매해왔던 상품들을 기반으로 업그레이드가 되는 것이다. 그러니 기본만 잘 숙지해놓으면 된다. 텔레마케팅에서 중요한 것은 나를 만나는 고객들의 마음을 얻는 일이다. 고객들은 하루에도 수십 번씩 마케팅 광고 전화를 받는다. 나는 내가 이 일을 하면서 사람의 마음을 얻어 계약이 성립됐던 경험을 나누고자 한다.

첫 번째는 도입 거절이 너무 심했을 때 계약에 성립한 사례다.

"여보세요."
"보험 안 해요."

"바빠요."

뚜뚜뚜.

그날 하루는 전화하면 도입 거절이 유난히 많았다. 이것을 텔레마케팅에서는 OLD DB(데이터 베이스)라고 한다. 돌리고 돌려서 안 받거나 거절했던 그런 고객들에게 다시 연락하라는 것이었다. 회사 입장에서는 통화 연결이 안 됐거나 계약을 못 했어도 다른 상담원은 시간과 성향이 맞아서 계약이 다시 이루어지는 경우도 더러 있기 때문이다. 나는 도입 거절이 너무 심해서 말을 바꿔보기로 했다. 바쁘다면서 끊으려고 하는 고객이었다. 이런 전화가 너무 자주 온다며 불만이 많았다.

그냥 다음에 전화를 드린다고 하고 나도 끊었을 수도 있었지만, 이렇게 말씀드렸다.

"고객님, 이런 전화 너무 많이 받으시죠? 저도 제가 이 일을 안 했을 때 집에서 쉬고 있는데, 보험사 전화가 정말 많이 오긴 하더라고요. 고객님 마음은 충분히 이해가 갑니다. 그런데 고객님 잠깐만 시간을 내어서 내용을 들어보면 나에게 도움이 되는 정보들도 많더라고요. 무조건 하시라는 게 아니라 선택권은 고객님께 있는 거니까 부담 갖지 마시고, 잠깐만 시간을 내주시면 삶의 질이 달라질 수도 있을 것입니다."

바쁘다던 고객은 전화를 끊지 않고 계속 질문을 하면서 보험에 관심을 보이기 시작했다. 결론은 녹취까지 완료가 됐고, 세트판매로 계약이 성립됐다. 고객을 이해하고 고객의 입장에서 한 번씩만 더 생각해서 상담한다면 고객은 쉽게 마음의 문을 연다. 마음의 문을 열어야 보험 상담도 하는 것 아니겠는가? 고객 입장에서 고객을 위하는 마음으로 통화하면, 고객은 조금씩 마음의 문을 연다는 것을 꼭 알아뒀으면 좋겠다.

두 번째는 국가에서 건강검진을 받다가 암 진단을 받으셨던 고객이 직접 전화를 해왔다.

"여보세요. 김수경 씨 맞으시죠? 저 기억 안 나시죠? 김○○입니다."

나는 워낙 많은 고객을 하루에도 수십 번씩 만난다. 계약 건수도 많았기 때문에 사실 전화가 와도 정확히는 기억하지 못했다. 그래도 고객정보란에 메모를 꼭 해놨다. 상담 시 인상 깊었던 내용들이라든가 기념일, 가족 관계 등 메모장을 보니 가물가물 기억이 났다. 그때 보험 가입하라고 권했을 때 "우리 집안에는 암 진단받은 사람 하나도 없다. 암보험은 들 필요가 없다"라고 거절했던 고객이었다. 그 고객은 "하루에도 두세 시간씩 등산하고 유기농만 골라 드신다"라고 하셨고, 사과 농장을 하시는데 "아침에 사과는 금이다. 아침마다 사과만 먹어주면 모든 병은 사라진다"라고 했던 고객이었다. 그래도 한 번 더 "고객님 암 검사를 받아보신 적은 있으세요?"라고 물었더니, 한 번도 없으시다고 했다. 이렇게 건강한데 뭐 하러 받아보냐고 하셨다. 그렇게 전화를 끊었다.

그런데 마침 홀수년도 건강검진이셨는데, 내 말이 신경 쓰이셨는지 나라에서 하는 암 진단 검사를 하게 된 것이다. 대장 내시경 검사를 하셨고 용종 1개, 선종 2개를 제거하셨다고 했다. 그런데 그중에 하나가 조직 검사 결과 악성 종양이었던 것이다. 아무 증상도 없었고 너무 건강하셨기 때문에 오진이라며 유명하다는 병원은 세 군데나 가서 검사를 다시 받았지만, 결과는 똑같았다. 다행히도 4년 전에 가입해놨던 암 진단자금 2,000만 원이 있었다. 암 치료 자금으로는 적은 금액이긴 했지만, 그래도 보상에 대해 정확히 청구 절차를 안내해드렸다. 그리고 건강하시더라도 건강검진은 꼭 잘 받으시라고 말씀드렸다. 암을 예방하는 방법은 조기 검진밖에 없다면서 말이다.

한참이 지나 일을 하는데 내 이름으로 택배가 왔다. 사과 박스였다. 열어보니 한 장의 편지와 방금 수확해서 가장 맛있는 홍로 3박스를 보내주신 것이다. 편지에는 "김수경 씨 덕분에 건강을 더 챙기게 됐고, 무지했던 저에게 친절을 베풀어주셔서 너무 감사하다. 직원분들하고 맛있게 나눠 드시라고 여유 있게 보낸다. 그리고 앞으로 보험 가입을 할 일이 있으면 잊지 않고 꼭 연락을 하겠다"라는 내용이 적혀 있었는데 정말 감동이었다. 고객도 마음의 감동이 없었다면 이런 손 편지와 수고스러운 택배를 보내셨을까? 10년이 지난 지금도 생각만 해도 참 마음이 따뜻해진다.

세 번째는 뇌졸중 진단받고 편마비로 장애가 있는 고객이었다. 30년 가까이 편마비에 기초수급자로 생활하시는 남자분이셨다. 예전에는 병력이 있으면 보험 가입하는 것이 쉽지 않았다. 그런데 지금은 유병자 상품이라든가, 간편 시리즈 상품이 나와서 병력을 가졌다고 하더라도 질문에 심사조건만 맞으면 재발하더라도 보장해주는 상품들이 다양해졌다.

고객은 고혈압, 고지혈증, 당뇨약을 드시는 분이셨는데, "나 같은 장애인들도 보험 가입이 되나요? 저는 다른 데서도 여러 번 보험 가입하려고 심사 넣었는데 잘 안되더라고요"라고 말씀하셨다. 고객은 심혈관, 뇌혈관 쪽으로 보험을 들고 싶었던 것 같다. 다행히 2년 안에 입원력이 없으셔서 심사 가능한 상품이 있었다. 문제는 텔레마케팅은 계약을 녹취로 해서 자료를 남기는데, 언어 장애도 좀 있으셔서 10분이면 녹취가 끝날 것이 30분 가까이 걸렸던 것 같다. 고객도 너무 힘들고, 나도 목이 찢어질 것처럼 아프고 힘들었다. 내가 힘들어하는 것이 고객에게도 느껴졌나 보다.

"장애인 녹취하기 힘들죠? 죄송합니다" 하시는 것이다. 그래서 "신체 장애는 선천적이든, 후천적이든 누구나 올 수 있는 거예요. 마음의 장애가 가장 큰 문제죠. 고객님 마음은 아주 건강하시잖아요. 마음 건강한 게 최고예요. 죄송하실 것 전혀 없고요. 당연히 해드려야 하는 것을 해드린 거니까 보험은 가입하셨더라도 항상 건강하세요"라고 마무리 지었다.

아마 이 고객님이 소개해준 고객만 해도 다른 상담원들이 일주일 동안 하는 계약만큼 했던 것 같다. 마음에 감동을 주셔서 감사하다는 말씀을 여러 번 하셨다.

이처럼 텔레마케팅은 고객의 마음을 얻는 일이다. 사람의 마음을 얻는다는 것은 결코 쉬운 일은 아니다. 하지만 내가 16년 가까이 해왔던 경험으로는 '진심은 반드시 통한다'라는 것이다. 정말 고객 입장에서 고객을 위한다면 그 진실한 마음은 느껴지게 된다. 여러분도 텔레마케팅을 하다 보면 늘 반복되는 기계적인 말과 멘트에 지칠 때가 분명히 많을 것이다. 모든 것은 나 자신에게 달려 있다. '할 수 있다'라는 생각, '해내고 만다'라는 신념을 가지고, 내가 변하면 고객도 변한다. 포기하지 않고 고객의 마음을 얻는 일에 최선을 다하면, 내가 있는 이 자리에서 최고가 되어 있을 것이다.

호기심이 유지되어야
고객이 떠나지 않는다

나태주 시인의 〈풀꽃 1〉이라는 시를 보면, "자세히 보아야 예쁘다. 오래 보아야 사랑스럽다. 너도 그렇다"라는 구절이 있다.

크고 화려한 꽃들은 쉽게 눈에 들어오지만 작은 풀꽃은 다르다. 잎도 작은데 꽃은 더더욱 작아서 우리 눈에 잘 들어오지 않는다. 그래서 대개는 풀꽃을 무심하게 지나치고 만다. 하지만 시인은 관찰과 사색을 통해 풀꽃에 대한 호기심을 자극했다.

상담하다 보면 수많은 성향의 고객들을 접하게 된다. 고객들의 성향은 다양한데 나는 똑같은 멘트와 똑같은 스크립트를 고집한다면 성공적인 계약이 될까? 절대 아니다. 똑같은 시간에 똑같은 일을 했어도 입만 아프고 힘들며 성과도 없다. 그때그때 상황에 따라 상담을 하면서 이 고객이 어떤 성향인지 몇 마디만 해봐도 알 수 있다.

호기심을 자극하려면 무엇이든 관찰하고 사색하는 습관을 지녀야 한다. 하나님이 내게 주신 달란트 중 하나가 사람을 보면, 그 사람이 한 번에 스케치가 된다. 그래서 그 사람이 안경 하나만 바꿔 쓰고 와도 바로 알아서 이야기해준다. 상대는 사소한 것 하나까지 기억해주는 것에 늘 반응이 좋았다. 내가 그 사람에게 얼마나 관심을 지니고 있는지에 따라 감동을 하는 것이다. 직접 대면해서도 그렇지만, 전화로 그 사람 목소리만 들어봐도 계약할지, 안 할지 대화 몇 번 해보고 질문 몇 번만 해보면 알았다.

'군중심리'라는 용어는 사회학에서 처음 제기됐다. 19세기 프랑스의 사회학자인 귀스타브 르 봉(Gustave Le Bon), 가브리엘 타르드(Gabriel Tarde) 등이 처음으로 군중심리를 연구했다. 사회학자이자 경제학자인 베블런(Therstein Veblen)도 《유한계급 이론(Theory of Leisure Class)》에서 개인이 사회 상류층에 속한 다른 집단 사람들의 소비행위를 어떻게 모방하는지 설명했다. 군중심리란 한마디로 '다수를 따르는 게 나에게 득이 된다'라는 어렴풋한 믿음에 근거한다. 타당한지 아닌지 복잡하게 생각할 것 없이 많은 사람이 선택했다는 이유만으로 다수의 행동을 따르는 것이다. 다른 사람의 구매 대열에 동참하는 밴드 왜건 효과(Band Wagon effect)는 전형적인 군중심리 사례다.

밴드 왜건(Band Wagon)은 글자 그대로 퍼레이드 서커스 등에서 연주 밴드를 싣고 다니는 마차다. 1848년 어릿광대 역할로 이름을 날리던 미국의 댄 라이스(Dan Rice)가 자신의 정치 캠페인에 사람들의 관심을 끌고자 밴드 왜건을 처음 활용했다. 댄 라이스의 시도는 성공적이었고, 그 후 많은 정치인이 선거 유세에 밴드 왜건을 동원했다. 정치공학적으로 밴드 왜건 효과는 특정 후보를 다수가 지지한다는 사실 유포가 사람들로 하여금 실제로 그 후보를 선택하게 만드는 것을 의미한다.

경제학적으로 밴드 왜건 효과는 나에게 꼭 필요한 것인지, 왜 구입하려는지 등의 합리적 이유를 따지기보다 '다른 사람들이 하니까 나도 한다'라는 심리가 작용함으로써 구매 대열에 동참하는 효과를 의미한다.

홈쇼핑 방송에서 '매진 임박', '주문 폭주'라고 말하는 것은 밴드 왜건 효과를 활용한 판매 전략이다. 특정 브랜드의 겨울 점퍼가 고가임에도 날개 돋친 듯 팔려 나가는 것도 실제로 소비자의 이런 심리가 작용한 결과다.

나는 보험을 팔면서 이런 군중심리를 이용해 계약에 성공한 일이 많았다. 저축성 보험을 팔든, 보장성 보험을 팔든 적재적소에 잘 이용했다. 성과는 아주 좋았다. 2012년에 저축성 보험을 팔 때였다. 확정 고정금리 4~5%대 복리 상품이었는데, 지금은 아예 이런 상품이 없지만, 그때는 이런 복리 상품을 쉽게 접할 수 있었다. 10년 납입하고 5년 더 거치해서 15년 만기가 되면 원금과 이자를 찾아가는 상품이었다. 10년 이상 유지하면 합법적인 비과세 혜택도 받을 수 있었다.

나는 저축성 보험을 팔 때 고객들에게 "정보도 돈이다. 몰라서 못 하는 것이다. 안내를 받으셨던 분들은 할까 말까를 고민하는 게 아니라, 얼마를 모아서 얼마를 만들어야겠다는 목표만으로 가입하셨다. 다른 고객님들은 이런 기회를 놓치지 않고 거의 다 가입하셨는데 고객님만 못할 이유는 없다"라고 말하며 얼마로 가입을 도와드릴지 물으면, 고객들은 잠시 생각하고, 15년 뒤에 얼마의 목돈을 만들어서 무엇을 할 것인지 생각하게 된다. 고객이 스스로 상상하게 하라. 그럼 고객들은 "얼마로 해주세요"라고 답한다. 항상 상담할 때 질문을 해서 고객의 성향을 관찰하고 호기심을 주며 사색하는 습관 갖는 것을 잊지 말자.

고객들은 사소한 것, 정말 작은 것에 호기심을 갖고 감동했다. 보험 계약을 하면 고객들의 생일을 메모해놨다가 자동으로 날짜를 전산에 등록해놓았다. 그럼 그 날짜에 문자가 간다. 아무 것도 아닌 것 같지만, 고객들은 이 문자 하나에 감동받고 전화를 주셔서 고맙다는 말씀들을 하셨다. 때로는 보험에 가입하지 않더라도 전화해서 안부를 묻고 삶을 나누다 보면 나도 에너지를 얻게 되고, 고객도 내가 가입해놓았던 상품에 대해 리뷰도 되는 등 서로 시너지 효과가 크다.

전화를 주신 시기가 또 회사에 신상품이 나왔을 때면 나는 또 어김없이 신상품을 안내한다. 부담도 없다. 내가 아웃콜로 전화를 한 것이 아니라 고객님이 연락을 직접 주신 거라 자신감 있게 설명도 할 수 있다. 고객은 상품이 좋아서 상품을 정확히 알고 가입하는 것이 아니라 상담원에게 신뢰가 있으면 믿고 가입해주는 경우가 훨씬 많다. 기념일뿐만 아니라 한 달에 한 번씩 안부 문자도 전체 문자로 설정해서 보내줬다. 나를 잊지 않고 찾아주는 고객들이 항상 감사했다.

《성경》 마태복음 7장 11절에 보면, "그러므로 무엇이든지 남에게 대접을 받고자 하는 대로 너희도 남을 대접하라"라고 하셨다. 심은 대로 거둔다는 말이며, 대접은 인정이라는 말과 비슷하다. 인정받고 싶으면 남을 인정하라는 것이다. 이것은 진리다.

텔레마케팅을 하다 보면 DB는 한정되어 있다. 추가 DB를 회사에서 준다고 해도 가입해줬던 내 고객에게 추가 계약을 하는 것이 가장 쉽다. 하지만 나도 처음에는 내 고객에게 전화하는 것이 두려웠다. 괜히 잘 유지하고 있는 고객에게 전화했다가 기존 가입했던 것마저 취소해 달라고 할까 봐 걱정됐다. 가입해준 상담원이 전화하면 고객들은 당연히 '또 추가하라고 전화한 것 아니야?' 하고 반감을 살 수도 있기 때문이다. 그래서 고객에게 부담을 주는 것 같다는 생각이 컸다. 하지만 이것은 핑계였다. 해보지도 않고 두려운 생각 때문에 시도도 안 해보는 것은 바보 같은 짓이다. 내가 못 하면 다른 상담원이 할 것이다. 생각만 하고 시도해보지 않으면 아무것도 할 수 없는 바보가 되는 것이다.

후회하더라도 해보고 후회하자는 마음으로 전화를 걸었다. 그동안에 연락은 못 했어도 매달 한 번씩 보내드렸던 문자를 보시는 분들은 나를 기억하고 있었다. 니즈가 있던 고객들은 추가 계약도 정말 쉽게 해주셨다. 내 고객에게 추가 계약을 권하는 것은 습관이다. 성공적인 계약을 원한다면 추가 계약을 습관처럼 말하고, 행동하면 좋은 결과는 따 놓은 당상이다. 또 한 가지는 보험 가입을 처음 했을 때 그 고객의 성향과 관심에 대해 메모해두는 것도 굉장히 중요하다. 어떤 상품에 관심을 두고 있는지에 따라 신상품이 나왔을 때 꼭 필요했던 고객들에게 개별적으로 전화하면 잊지 않고 기억해놨다가 전화해주는 상담원을 굉장히 고마워한다.

"고객님, 그때 암보험 가입을 도와드렸던 상담원 김수경입니다. 가입하셨을 때 고객님께서 당뇨약을 복용하시는 것이 있으셔서 심혈관, 뇌혈관 쪽으로 보장 문의해주셨는데요. 안타깝게도 최근 입원력이 있으셔서 못 넣어 드렸던 것 기억하시죠? 경과 기간이 지나고 제가 연락드린다고 말씀드렸는데요. 심사 가능한 날짜가 되셔서 그때 이후로 병력 변동만 없으시면 못 넣어 드렸던 심혈관, 뇌혈관 쪽으로 추가 가입해서 같이 보장받도록 도와드릴게요."

긴 설명이 필요 없다. 고객이 꼭 알아야 하는 내용만 짚어주고 고객이 모르는 것, 알고 싶은 질문에 대해서만 정확하게 설명해주면 바로 가입해달라고 먼저 말을 한다. 고객에게 관심을 가지면 떠나지 않고 상담원을 믿고 가입해준다는 것을 기억하라.

아리스토텔레스(Aristoteles)는 호기심이야말로 인간을 인간이게 하는 특성이라고 주장했다. 아인슈타인(Einstein)은 "나는 천재가 아니다. 다만 호기심이 많을 뿐이다"라고 말했다. 스탕달(Stendhal)은 열정이란 상대방의 현실적 모습이 아니라 가상적인 완벽한 이미지에 대한 사람의 산물이며, 열정의 근본 요소는 흔히 생각하듯이 성적인 것이기보다는 지적 호기심에 있다고 봤다.

호기심이 유지되어야 고객이 떠나지 않는다. 항상 고객에게 호기심을 유지하게 하려면 자주 두드리고, 문자 하고 자주 접하는 방법밖에 없다. 내가 움직이지 않으면 고객들은 내 이름을 잊어버린다. 고객은 호기심에 가득 차 있다. 어린아이 같은 열린 눈과 열린 마음으로 새로움을 추구한다. 내가 하라는 방법대로만 하면 반드시 좋은 성과를 얻는 것뿐만 아니라 내가 근무하고 있는 한 고객이 나를 떠나지 않는다. 내가 이 방법으로 지금까지도 높은 성과를 내고 있기 때문이다.

당신의 TM이 벽에 부딪히는 이유

나는 TM을 꾸준히 해오면서 나에게 잘 맞는 일이라고 생각했다. 가만히 사무실에 앉아서 주어진 일에 최선을 다했을 때 성과도 만족스러웠다. 무엇보다 내가 한 만큼 급여를 받아 갈 수 있다는 것이 신기했고, 일이 즐거웠다. 누군가가 일하고 싶어 하면 텔레마케팅을 많이 권했다. 돈이 없어도 누구나 시작할 수 있었고, 야근 같은 것은 거의 없었으며, 여자 직업으로는 조금만 열심을 내고 노력하면 원하는 급여를 받아 갈 수 있었기 때문이다. 이렇게 자신감이 넘쳤던 나에게도 어느 순간 계속 기계 속의 프로그램처럼 반복되는 일상이 지겹다는 생각이 들었다.

아침에 출근하는 것이 도살장에 끌려가는 소처럼 너무 싫었다. '그냥 아프다고 할까? 집안에 급한 일이 생겨서 출근 못 한다고 할까?' 밤새 고민하다 잠든 적도 많았다. 그리고 나서 자연스럽게 출근하는 내 모습은 정말이지 우스꽝스러웠다.

어김없이 업무가 시작되면 헤드셋을 머리에 끼우고 콜을 했다. 힘든 일이 있었어도 내 자존심은 집 가방에다 넣어놓고 자신감 넘치게 콜을 했다. 그랬던 내가 자신감은 바닥으로 꺼져갔고, 내가 전화를 걸었을 때 전화를 받는 고객이 두렵기 시작했다. 두려움이 커지자 고객에게 상품을 안내하는 것도 힘들었고, 계약은커녕 가망 고객을 잡기도 어려웠다. 나부터가 두렵고 의욕이 없으니 결과는 당연했다. 몸과 마음이 많이 지쳐 있었던 것이다. 성공하기 위해서 앞만 보고 미친 듯이 쉬지 않고 일했다.

텔레마케팅은 수많은 사람을 만나는 일이라 에너지 소모가 매우 크다. 체력 관리와 취미 활동은 선택이 아니라 필수다. 체력은 곧 실력이 되는 것이다. 하루 종일 사람 때문에 받는 스트레스는 내가 운동하든, 독서를 하든 해소할 수 있는 한 가지는 꼭 있어야 한다. 내 기분이 좋아야 상담이 잘되고 결과도 좋아지는 것이다. 나에게는 두려움이 클 때마다 힘이 되어준 것이 찬양이었다. 찬양 속에 임재하시는 하나님을 느낄 때마다 전율이 느껴지고, 내 마음을 가장 잘 아시는 것 같아 눈물이 많이 났다. 눈물을 흘리고 나면 속이 정말 시원했다. 정말 많이 들었던 찬양은 〈아무것도 두려워 말라〉였다.

나와 함께하시는 하나님을 의지하며, 나는 또 일어나 걸었다.

매일매일 반복적인 일상에서 꽃피울 수 있는 나만의 취미 활동을 갖는 것이 꼭 필요하다는 것을 다시 한번 기억했으면 좋겠다. 그런데 두려움이 어느 정도 해결되고, 의욕이 다시 생겼을 때 나에게는 또 어려움이 생겼다. 아웃콜을 할 때마다 매번 당하는 도입 거절, 게다가 하루에 여러 번 연락을 받았던 고객들은 다짜고짜 욕설을 퍼부었다. 처음에는 그럴 수도 있겠다는 생각이 들었는데, 너무 자주 듣게 되니 내가 무슨 감정 쓰레기통도 아니고 너무 화가 났다.

내 감정이 쌓이고 쌓이면 나도 기분이 좋지 않아 말이 좋게 나가지 않는다. 이럴 때는 사무실 옥상에 올라가서 찬 바람을 쐰다거나 물 한 잔 마시고 감정을 추스르고 내려왔다. 모든 고객이 내 마음에 다 만족할 수는 없다. 그냥 훌훌 털어버리고 나의 기분을 최고치로 좋게 올려서 다음 고객에게 더 집중하면 되는 것이다. 이런 일이 있다고 해서 가방 싸고 집에 들어가는 상담원들도 많다. 여러분은 절대 감정에 휘둘리지 않는 멘탈을 가지도록 마인드 관리를 꾸준히 했으면 좋겠다. 나도 하루에 여러 번 멘탈이 나갔다. 고객과 환경은 바뀌지 않는다. 고객 탓, 환경 탓은 바보 같은 짓이다.

내가 바뀌면 환경과 고객도 바뀐다는 것을 명심해라. 모든 것은 나에게서 시작된다. 하나님은 정말 다양하게 사람을 창조하셨다. 나와 틀린 것이 아니라 다른 것이다. 나와 틀리다고 생각하면 '어떻게 저럴 수가 있어?' 하며 이해가 안 되고 화가 나지만, 나와 다르다고 생각하면 '그럴 수도 있지' 하고 인정이 되고 이해가 되는 법이다. 지금까지 내가 수많은 고객을 상대하면서 깨달은 것이다.

나는 상담을 하면서 고객에게 가장 중요한 것은 신뢰라고 생각한다. 지금도 동일하다. 수많은 상담원 가운데 나를 믿고 가입해주는 고객들은 더없이 감사하다. 특히나 보험이라는 것은 눈에 보이지 않는 것을 판매하는 것이고, 당장에 표가 나는 것도 없다. 전화 한 통화로 믿고 가입해주는 고객들은 실로 대단하다. 누가 나에게 전화해서 대뜸 보험 가입하라고 하면 나는 할 수 있을까? 내 성격상 물어보고 또 물어보고 찾아보며 비교해보고 생각해보면서 막상 가입하지 못할 수도 있을 것 같다. 지금은 내가 이 일을 오래 했기 때문에 전화로 오는 마케팅은 친절하게 잘 받는다. 거절하더라도 정중하게 거절하고, 들어보고 나한테 필요한 정보는 쉽게 가입한다.

가입하는 가장 큰 이유도 상담원이 나에게 신뢰감을 크게 줬을 때 더 결론을 쉽게 내렸던 것 같다. 고객도 내 마음과 같을 것이다. 그래서 보험 가입을 일단 하면 청약 철회 유지율이 참 좋았다. 억지로 가입시키는 것이 아니라 정말 필요해서, 원해서 가입을 해줬기 때문이다. 그런데 이것도 나의 착각이었나 보다. 재차 말했지만 텔레마케팅으로 보험에 가입하는 절차는 시간 소요가 크다. 바쁜 고객들을 붙잡고 전화로 짧게는 20분, 길게는 1시간씩 통화해서 설득해서 녹취까지 완료가 되어야 계약을 올릴 수 있는 것이다. 엄청난 에너지가 소모되는 일이다.

힘들게 가입시켜드렸는데 말도 없이 청약 철회하는 분들이 더러 생기기 시작했다. 예전에는 계약을 취소하더라도 꼭 전화해서 사유를 말씀하시고 취소하는 분들이 많았다. 충분히 이해하고 부담 갖지 마시라며, 다음에 좋은 기회가 되면 또 찾아달라고 말씀드리고 종료했다. 그런데 나한테 한마디 말도 없이 청약 철회해놓고, 내 전화를 수신 거부로 해놓는 고객들이 생기기 시작했다. 처음에는 답답한 마음에 전화를 여러 번 했다. 취소하는 사유라도 알고 싶어서였다. '취소하려면 애초에 가입하지 말지' 하면서 화가 났다. 이 고객 때문에 다른 고객에게 상담할 수가 없었다. 그때 문득 떠오르는 말씀이 있었다.

《성경》에베소서 4장 26~27절에서 "분을 내어도 죄를 짓지 말며 해가 지도록 분을 품지 말고 마귀에게 틈을 주지 말라"라는 구절이 있다.

나는 쥐구멍으로 들어가고 싶었다. 그동안에 말로 감사하다고만 했지, 정작 나에게 도움 주는 고객들한테만 감사했던 것이다. 고객 성향상 청약 철회했는데 나한테 전화하는 것이 미안해서일 수도 있고, 또 한 가지는 나를 찾아서 취소하면 내가 계속해서 반론할 경우 취소도 못 할 것 같고 그래서 고객은 나를 안 찾고 그냥 취소한 것이라는 마음이 들었다. 이렇게 이해하면 될 것을 이게 뭐라고 나는 그렇게 열변을 토했을까?

모든 것은 하나님의 절대 주권 아래 이루어진다는 것을 잘 알면서도 말이다.

나뿐만 아니라 이런 경험들이 텔레마케팅 현장에서 가장 많이 부딪히는 이유다. 텔레마케팅은 이직률이 정말 높은 직종이다. 전화 업무라고 해서 단순하게 생각하고 입사했다가 하루 종일 고객들에게 거절당하고, 열심히 배운 대로 잘해보자 의욕은 가득했다가 하루 종일 인사만 하다 끝나고 퇴근하는 경우도 많다. 이런 일들이 매일매일 반복된다. 그래서 바로 포기해버린다. 최소 3개월을 이겨내고 1년만 잘 견디면 남부럽지 않은 연봉에 풍요를 누리며 살 수 있는데 말이다.

나는 25살에 입사해서 지금까지 16년간 이 일을 하고 있다. 나처럼 어릴 때 보험 영업에 입사하면 모두 그만뒀다. 그만큼 깡이 없으면 할 수 없는 일이다. 그래서 나는 회사 입사 동기도 없고, 내 나이와 동갑도 한 명도 없다. 그런데 그만큼 잘 이겨내면 이만한 직업이 없다. 지금도 나는 회사에서 나이로는 막내다. 이런 환경 가운데 내가 지금까지 살아날 수 있었던 것은 안 된다고 겁먹고 포기하는 것이 아니라, 안 되면 어떻게 하면 되는지 할 수 있는 방법을 찾았기 때문이다.

김태광 작가의 《나는 매일 모든 면에서 조금씩 좋아지고 있다》를 보면, 실패를 겪게 되면 사람들은 두 부류로 나뉜다. 실패를 실패로 받아들이고 멈추는 사람과 실패 속에서 깨달음을 얻고 다시 도전하는 사람이다. 전자는 실패자의 삶을 살아가게 될 것이고, 후자는 자신의 꿈을 성취한 성공자의 삶을 살게 될 것이다. 여러분은 후자의 삶을 살게 되길 간절히 바란다.

2장

매력적인 일이다

TM은 굉장히

고객 스스로 답을 내리게 하라

아침에 출근했는데 옆자리에 앉은 언니가 대뜸 물었다.

"수경아, 어제 나 콜 하는 것 들었지? 내가 그렇게 자세하게 설명해주고 고객이 원하는 대로 설계까지 다 해줘 가면서 50분 가까이 목이 찢어져라 상담했는데 가입은 안 한다는 것 들었어? 너무 기막혀서 어제 퇴근해서 집에 가서 맥이 빠져서 술 한잔 먹고 잤잖아. 힘들다. 진짜."

그렇다. 텔레마케팅은 나 혼자 잘 알고, 막무가내로 막 설명만 한다고 해서 계약이 무조건 성사되는 것은 아니다. 눈으로 보고 만나서 하는 업무가 아니다 보니 고객들도 목소리를 들으면 '이 상담원이 무조건 판매만 하려고 안달이 났구나! 자기 말만 하네? 대체 뭐라고 하는 거야?' 이렇게들 많이 생각한다. 그래서 고객들은 하나같이 "생각해볼게요" 하며 전화를 끊는다. 고객이 원하는 것은 상품보다는 믿음과 신뢰다. 고객은 자신이 보고 싶은 것만 보고, 듣고 싶은 말만 듣는다.

나도 신입 때 상품을 파는데 스크립트를 작성한 그대로 읽고, 고객이 반론을 하면 적어놓은 대로 반론 스크립트를 읽고, 그래도 고객이 안 하면 다시 상품 스크립트를 읽었다. 또 똑같은 반론을 하면 고객이 듣든지, 말든지 신경 안 쓰고 또 그대로 반론했다. 목만 아프고 시간만 낭비하고 고객은 끝내 나에게 "가입 안 해주면 울겠어요? 목소리가 울먹울먹해지네요. 그렇게 좋은 거면 본인 하나 더 하세요" 하고 끊었다.

너무 자존심이 상했다. 신입이라 열정은 가득했고 계약을 못 하면 또 콜뜨기 과제를 해야 했기에 어떻게 해서든 꼭 하나라도 계약해서 퇴근하고 싶었다. 지금 생각해보면 콜뜨기는 업무에는 많은 도움이 된 것은 사실이지만, 지금 하라고 하면 나는 못할 것 같다. 너무 힘든 기억으로 남아 있다. 그렇다면 이런 고객들은 어떻게 해야 계약으로 성사할 수 있을까? 보험은 아프면 기대 가치가 크지만 당장에 필요한 것은 아니다. 그래서 보험을 팔 때는 무조건 파는 것보다는 고객이 스스로 상상을 할 수 있도록 상담을 하는 것이다. 예를 들어 암보험을 판다면 다음과 같이 말한다.

"고객님, 퇴근하고 친구들 2~3명이 모여서 술 한잔하시잖아요. 어제도 매스컴에서 보니까 우리나라 국민이 지난해 기대수명인 83.5세까지 생존하면 암에 걸릴 확률이 36.9%인 것으로 나타났다고 합니다. 한국인 3명 중 1명은 평생 한 번 이상 암에 걸린다는 것인데요. 네가 아니면 내가 암에 걸리는 시대라고 합니다. 다행히 의학 기술의 발달로 암 발병 이후 생존율은 높아지고 있지만 고객님은 집안의 가장이시잖아요. 회사에서 건강검진은 꾸준히 받고 계시죠? 당연히 건강하시겠지만, 갑자기 암이라도 진단받으시면 직장을 쉬셔야 하고, 매달 나가야 하는 생활비에 자녀들은 그냥 크는 거 아니잖아요. 가장이 아파서 쉬게 되면 정말 가정이 너무 힘들어지는 경우를 많이 봤거든요. 어떤 고객님들은 집 팔고 전세에서 월세로 가는 것이 현실입니다. 내가 아프면 써야지 하고 목돈으로 저축해놓은 것이 없으시면 가족들을 위해서라도 준비해놓으세요. 만일의 일에 대비해서 준비해놓으시면 편하게 치료받으실 수 있을 것입니다. 지금 가장 건강하실 때 몇 가지만 확인하고 가입 도와드릴게요."

먼 미래에 필요한 것들을 마치 지금 필요한 것처럼 상상하게 해주는 것, 설명만 하고 고객이 상상하게 하고, 스스로 답을 내리게 하는 것이 가장 큰 노하우다.

장문정 작가의 《한마디면 충분하다》에서는 '내 결론과 고객의 결론이 일치하도록 유도하라'라고 말하면서 세일즈맨의 흔한 오류 중 하나가 "사야 합니다"라고 자신이 서술형으로 결론을 짓는 자세라고 한다. 상대를 내 의도대로 설득하지 못한 상태에서 나 혼자 결론을 내리는 것은 혼자 마음속으로 춤추고 노래 부르는 격이다. 상대는 별다른 감흥이 없는데 나 혼자 신이 난 것이다. 구매 욕구는 고객 스스로 내적 동기를 심어야 발동하므로, 비록 내 결론이지만 고객이 스스로 결론 내리게 해야 한다. 이를 위해서는 다음의 2단계를 밟아야 한다.

1단계 : 목표로 하는 결론을 정하고 거기에 이르기까지 고객이 머릿속으로 꾸준히 연상하게 한다.
2단계 : 목표점에 도달하면 세일즈맨이 결론을 내리는 것이 아니라 동의를 구해 고객 스스로 결론을 내리게 한다.

또한, "내 주장의 결론을 관철하자면 과정이 필요한데, 그것이 바로 연상 과정이다. 내가 목표로 하는 결론까지 계속 연상을 이어가야 한다. 한 계단씩 올라 목표까지 상대의 머릿속을 서서히 점령한 다음, 상대에게 질문을 던져 스스로 결론을 답하게 해야 한다. 모든 것을 끝까지 다 설명하려 하지 마라. 최소한 결론만큼은 고객 스스로 내리게 해야 한다"라고 말한다.

또 다른 한 가지는 고객에게 판매할 때 설명은 정확한 핵심만 간단하게 짚어주고, 보험료 보장 내용을 여러 가지 제시해서 고객이 스스로 결정하게끔 하는 것도 굉장히 중요하다. 나는 상담을 할 때 보통 고객이 스스로 답을 내리게끔 많이 유도한다. 그런데 그날따라 회사에서 프로모션이 걸려 있었다. 보험료 금액과 상관없이 건당 스카프를 주는 프로모션이었다. 빨리 계약해서 가져가고 싶은 마음에 암보험이었는데, 1만 원대의 저렴한 금액으로 암 보장 중 가장 작은 것을 넣어드렸다. 그러고는 전혀 생각도 못 하고 있었는데 고객이 나를 찾았다. 속이 하도 쓰려서 병원에 갔는데 조직 검사 결과 위암이라는 것이다. 치료받기 전에 진단자금이 얼마나 나오는지 문의하는 전화였다.

진단자금이 1,000만 원이라고 말씀드렸더니, 아니 내 친구도 똑같은 보험상품인데 그 친구는 5,000만 원이 나왔다는데 나는 왜 1,000만 원밖에 안 되냐고 큰소리를 치셨다. 보험료가 작으면 보장이 작게 들어가는 것은 당연한 거지만 나한테도 문제가 있었다. 최저 보장, 최고 보장을 정확히 안내해서 고객이 스스로 답을 내리게 했어야 했는데, 그냥 계약 가입하는 것이 우선이라 만 원짜리 가장 작은 것을 넣어 드린 것이다. "고객님께서 안 하시려고 했던 거 작은 거라도 넣어서 이렇게라도 치료비에 보탬이 되시니 얼마나 다행이냐?"라고 좋게 끝냈지만 사람 마음은 다 똑같은 것이다.

가입할 때는 '괜히 했나? 비싼 것 아냐?' 했다가 막상 아프게 되면 "왜 그것밖에 안 넣어줬냐?" 하는 것이다. 그래서 나는 지금도 상담할 때 고객의 니즈가 있으면 꼭 여쭤보고, 고객이 스스로 답을 내릴 수 있게 유도한다. 이게 서로가 편하다.

도로시 리즈(Dorothy Leeds)의 《질문의 7가지 힘》에서는 질문이 갖고 있는 강력한 힘을 다음과 같이 정리하고 있다.

질문을 하면 답이 나온다. 질문을 받으면 대답을 하지 않을 수 없다. 이러한 의무감을 응답 반사라고 부른다.

질문은 마음을 열게 한다. 사람들은 자신의 사연, 의견, 관점에 대한 질문을 받으면 우쭐해진다. 질문을 하는 것은 상대방과 그의 이야기에 관심을 보여주는 것이므로 과묵한 사람이라도 자신의 생각과 감정을 드러낸다.

질문에 답하면 스스로 설득된다. 사람들은 누가 해주는 말보다 자기가 하는 말을 믿는다. 사람들은 자신이 생각해낸 것을 좀 더 쉽게 믿으며 질문을 요령 있게 하면 사람들의 마음을 특정한 방향으로 움직일 수 있다.

강력한 질문은 고객이 스스로 답을 내리도록 하는 질문이다. 상담원은 고객들에게 꼭 필요한 정확한 핵심 보장 내용, 고객이 꼭 알아야 할 중요 내용만 말해주면 된다. 군더더기 없이 깔끔하고 정확하게 말이다. 내가 하는 말에도 귀를 기울이면서 고객이 상상할 수 있도록 상담을 하면 내가 하는 강력한 질문에 고객이 스스로 답을 내리게 되어 있다. 이렇게 했을 때 고객도 가입에 대한 부담을 덜 느끼고 스스로 결정한 것에 만족감을 느끼게 되는 것이다.

유머가 있으면 고객에게
반은 먹고 들어간다

어느새 단어가 잘 생각나지 않는 우리들의 모습에서 어이없는 웃음을 짓게 된다. '회갑 잔치'라는 말이 기억이 안 나서 "육갑 잔치 잘 치르셨어요?"라고 했다는 황당한 이야기가 있다. 또 어떤 할머니는 서점에 가서 손주에게 사다 줄 책을 한참 찾는데, 안내 직원이 와서 "무슨 책 찾으세요?" 하더란다. 할머니는 《돼지고기 삼 형제》 있나요?"라고 했고, 직원이 "아, 네. 혹시 《아기 돼지 삼 형제》 찾으시는 거 아니에요?" 했다는 웃지 못할 이야기도 있다. 어지럼증으로 이비인후과에 간 어떤 여성 환자는 의사에게 "'나팔관'에 이상이 있어서 어지러운가 봐요" 하니까 의사 선생님께서 "'달팽이관' 말씀하시는 거죠?"라고 했단다.

텔레마케팅은 매일 반복되는 일상에서 많은 도입 거절에 힘들다고 생각하면, 3D 업종이라고 할 만큼 힘들다. 그런데 생각하기 나름이다. 힘들다고 생각하면 계속 힘들어진다. 누가 오라고 해서 온 것도 아니고 내가 선택해서 온 것 아닌가? 어차피 피할 수 없으면 즐기라 하지 않았던가? 내가 일하는 환경은 바뀌지 않는다. 내면의 내가 바뀌어야 환경이 바뀌고, 고객이 바뀌는 것이다. 이것은 진리다.

매일 출근하면 실장님은 상담원들이 오늘 하루도 기쁘고 활기차게 시작하라고 유머 글이나 긍정의 글들을 자주 보내준다. 힘들고 지칠 때마다 이런 글들을 가끔 보면 웃게 되고 미소가 지어진다. 나도 상담하다가 그날 보내준 유머 글들을 고객들에게 전달해주곤 했다. 웃다 보면 고객들은 우선 마음을 열게 된다. 다른 것 또 없냐며, 웃을 일이 없는데 너무 재미있다고 반응이 좋았다. 웃음을 주고 마음을 열었을 때 어떤 상품을 안내해도 고객들은 좋게 받아들인다. 유머는 고객들의 마음을 부드럽게 만들어 누그러뜨리고 관심도 적절하게 자극할 수 있기 때문이다.

어느 날 내가 새로 나온 암보험을 팔 때였다. 지금까지는 고액 암이 백혈병, 뇌암, 골수암 이렇게 3가지였는데, 신상품에 있는 암은 고액 암의 이름들이 희귀암, 신종암인 것인지 단어가 어려웠다. 실수하면 안 됐기에 여러 번 읽어보고 익히고 했는데 어김없이 나는 실수를 하고 말았다. 고객이 보험을 잘 모르는 분이셨다면 내가 잘못 말을 해도 잘 못 알아들었을 텐데 그날따라 통화를 했던 고객은 의사였다. 암의 이름은 '카폭시육종'이라고 해서 육종암의 한 종류였다. 나는 아무 생각 없이 '포카시육종'이라고 한 것이다. 자신 있게 설명하고 있는데 피식피식 웃는 소리가 들렸다. 내가 웃긴 이야기를 한 것도 아닌데 통화하다 웃긴 일이 있으셨나 했다.

그래도 보장 내용을 정확히 안내해야 한다는 생각에 짚어서 또 설명하고 강조해서 안내했는데 고객이 또 웃는 것이다. 그래서 여쭤봤다. "고객님, 실례지만 웃으시는 이유가 … 제가 웃기게 해드린 게 있나요?"라고 물었다. 그랬더니 고객이 "아가씨, 카폭시육종을 계속 포카시육종이라고 하시네요" 하시는 것이다. 등에서 식은땀이 났다. 너무 창피했다. 바로 죄송하다고 말씀드렸다. "사실은 오늘 안내해드린 암보험이 이번 달에 신상품으로 나온 것인데요. 제가 열심히 공부한다고 했는데 너무 죄송합니다. 고객님이 말씀해주시지 않았으면 모니터링하시는 부서에서 재안내하라고 보완이 나왔을 텐데 바로잡아주셔서 감사합니다"라고 말씀드렸다.

"그럴 수도 있죠. 가입하는 제가 잘 알아들었음 된 것 아닌가요? 틀린 것인데도 틀린 줄도 모르고 자신 있게 설명하는 상담원의 열정에 계속 듣고 있었어요."

나는 진지했지만, 고객은 웃기셨나 보다. 큰 금액으로, 가장 큰 보장으로 가입해드렸던 고객으로 기억한다. 지금 생각해도 참 감사한 고객이다. 실수를 지적해서 뭐라 하지 않으시고 유머로 받아주셔서 나를 성장하게 해줬고 더욱더 발전하게 해주셨다.

라이센스 뉴스 칼럼에서 최규상(한국유머전략연구소 소장)의 〈유머 코칭 어떻게 하면 고객을 즐겁게 할까?〉에 보면, 세계적인 의료기기 업체인 GE healthcare는 수많은 혁신적인 제품을 개발했다. 특히 MRI(자기공명영상장치) 업계에서는 타의 추종을 불허할 만큼 탁월했다. 이 회사의 디자인 부서에는 20년 넘은 산업디자이너 더그 디에츠(Doug Dietz)가 근무했다. 어느 날 더그 디에츠가 병원에 들러서 MRI에 대한 사용 만족도를 상담하고 있었다. 그때 10살 정도 되어 보이는 소녀가 우는 모습을 봤다. 그녀는 MRI 기계가 무섭다면서 검사하지 않겠다고 떼를 썼다. 의료진도, 부모도 아이 앞에서 진땀 흘리면서 기다릴 수밖에 없었다. 무엇보다 이 장면을 보고 더그 디에츠는 충격을 받았다. 이후 며칠 동안 머릿속에서는 이 질문이 맴돌았다.

'어떻게 하면 아이들에게 MRI 검사를 받게 할 수 있을까?' 이 질문을 품고 궁리했지만 뾰족한 아이디어가 떠오르지 않았다. 그러다 인간 중심 의료라는 세미나에 참석한 이후 그는 질문의

방향을 바꿨다 '어떻게 하면 아이들이 MRI 검사를 즐겁게 할 수 있도록 도울까?' 더그 디에츠는 이 질문에 대한 답을 만들기 위해 연구진들과 아이디어를 짜냈다. 얼마 후 멋진 아이디어가 도출되어 기기의 디자인을 약간 수정했다. 기존의 하얗고 거대한 MRI 기계를 모험의 장소로 변신시켰다. 가장 먼저 MRI의 디자인을 놀이공원의 해적선 모양으로 변경하고, 촬영 기사와 간호사는 선장과 승무원 복장을 했다. 이렇게 하니 검사를 피하던 아이들이 MRI 방을 무서워하지 않고 앞다투어 검사받겠다고 자원했다.

질문 하나가 놀랍도록 유쾌한 결과를 만들어낸 것이다. 이러한 아이디어는 점차 단순한 해적선뿐 아니라 동물 농장, 꽃밭, 동화 나라 등 여러 콘셉트와 결합하면서 아이들의 즐거움을 자극했다. 당연히 아이들도 환호했고 만족도 점수는 90%를 상회했다. 또한 더그를 비롯한 연구진들도 환호성을 질렀다. 수많은 병원에서 디자인 변경을 요청했고, 추가적인 MRI 기기를 구매했다. 이 질문 하나는 모호한 고객 만족과 고객 감동 기법을 조금 더 선명하게 해준다. 고객을 미소 짓게, 즐겁게, 유쾌하게 하는 것은 고객 감동의 핵심 전략인 것이다.

10년 전 일이다. 사무실에 젊은 남자 상담원이 입사했다. 우리 팀은 아니고 옆 팀의 상담원이었다. 그 상담원이 콜만 하면 해당 팀뿐만 아니라 우리 팀원들도 다들 일어나 누구인지 확인했다. 다들 배꼽을 잡고 웃기 바빴다. 알고 보니 20대 청년이었는데 남대문 길거리 매대에서 엄마들 상대로 옷을 팔다 온 상담원이라고 했다. 말솜씨가 진짜 좋았다. 어쩌면 저렇게 말을 재미있게 잘할까? 내가 들어봐도 콜을 못 돌릴 만큼 재미있었다. 개그맨 같았다. 그 바쁘다던 고객들도 그 상담원이 전화하면 다 받아주고 들어줬던 모양이다. 그 남자 상담원 콜 소리 말고는 다른 상담원들은 침묵이다. 상담원이 너무 웃기고, 유머 감각이 넘치니 고객들도 처음에는 '무슨 이런 상담원이 다 있어?' 하다가 재미있으니 듣고 있는 것 같았다.

신입이라서 목소리에 열정도 넘쳐났고, '보험이 아니라 뭘 해도 참 잘하겠구나'라는 생각이 들었다. 계약도 썩 잘했다. 재미있었던 게 너무 많았지만, 아직도 기억이 생생한 일화가 있는데 아마 고객 연령이 30대 초반이었던 것 같다. 어린 자녀를 키우고 있던 주부였다. 워낙 상담원이 유머스럽고, 재미있게 설명하니까 계속 듣고는 있었다. 그런데 남편하고 상의도 해봐야 한다며 가입해야 할지, 말아야 할지 고민했던 고객이었다. 같이 있는 아이도 잠투정하느라 계속 징징대고 있었다. 고객은 아이도 울고 하니 빨리 끊어 줬으면 하는데 남자 상담원은 대뜸 이렇게 말했다.

"고객님, 지금 들으셨죠? 아기가 '엄마, 지금 빨리 가입해주세요!' 하고 옹알이하네요."

그런데도 엄마가 계속 결정을 못 하고 있으니까 또 이렇게 말했다. "아이고, 우리 아기. 엄마가 빨리 가입했으면 좋겠어? 알았어. 삼촌이 걱정하지 않게끔 엄마 잘 가입해줄게?" 이러는 것이다. 고객은 웃으시면서 녹취해서 가입했다. 너무 대단하지 않은가? 이 신입의 패기와 열정은 정말 지금 생각해도 너무너무 본받고 싶다.

누군가는 도입 거절이 많다고 안 된다고 텔레마케팅은 이제 끝물이라고, DB가 닳을 대로 닳았다고 한숨을 쉬고 부정적인 말만 내뱉는다. 또 누군가는 '어떻게 하면 고객을 기쁘게 할까?' 이 질문을 늘 마음에 새기면서 웃음을 주며 자연스럽게 고객 상담을 이끌어 나간다. 생각은 곧 현실이 된다. 전자는 늘 이 일이 힘들어서 지겹고 하루하루 버티고 견디는 삶이 될 것이고, 후자는 미래, 꿈, 성공을 위해 크게 나아가는 삶이 될 것이다. 유머가 있으면 고객에게 반은 먹고 들어간다. 내 삶이 즐겁고 행복하면 자연스럽게 고객도 웃을 일이 많고 행복해진다는 것을 잊지 말자.

나는 TM에서 인생의 모든 것을 배웠다

'사람의 행복은 자기 재능에 대한 믿음보다는 다른 사람들의 재능에 감탄하는 능력에 달려 있다. 아주 존경 어린 감탄은 사람이 가진 최고의 능력이다.'

나는 25살에 처음 보험사에 입사했다. 입사했을 때 동료들의 평균 나이는 거의 이모나 엄마뻘 나이였다. 나랑 같이 입사한 동기도 다 언니들이었다. 처음에 낯가림이 심한 나에게는 힘든 부분이었다. 신입이라 모르는 것이 많아 질문을 할 때도 언니라고 불러야 하는 것인지, 이모라고 불러야 하는 것인지 어려웠다. 결국에는 이모라고 불렀다가 혼났다. 언니로 부르라고 했다. 사실 엄마보다도 나이가 많은 언니도 있었다. 허물없이 언니라고 부르라 해서 그렇게 사회생활을 잘 적응해갔다.

연륜들이 있으셔서 사실 너무 좋았다. 많이 챙겨주셨고 모두 마음이 정말 따뜻했다. 하나라도 더 가르쳐 주려고 하고, 모르는 것을 물어보면 열 개를 가르쳐 줄 만큼 배울 점들이 참 많았다. 보험사 텔레마케팅은 첫 입사가 정말 중요하다고 한다. 어떻게 일을 배웠느냐에 따라 장기근속을 할 수도 있고, 아니면 적응이 어려워서 불나방처럼 이리 옮기고 저리 옮기다가 결국 이 길을 접고 다른 일을 하는 사람도 많았다. 지금 생각해보면 모든 게 은혜였고, 하나님의 인도하심이었다. 보험 영업을 젊은 나이에 시작한 것이 너무 다행이고 신의 한 수였다.

같이 일하는 우리 팀 언니들은 정말 하나같이 열심히 사는 분들이었다. 하루하루 주어진 시간에 최선을 다하고 어떻게 하면 상품을 더 잘 팔지 매일같이 연구하고 공부하며 현실에 만족하지 않았다. 무엇보다 성실했다. 일할 때 지치고 힘든 생각이 들 때마다 언니들을 보면서 마음 잡을 때가 한두 번이 아니었다. '언니들도 저렇게 열심히 하는데 젊은 내가 여기서 포기하면 안 되지' 하고 말이다. 성격은 내성적이지만 욕심은 있어서 일은 꽤 잘했다.

매달 상위권을 놓치지 않고 계약했고, 하루하루가 모여서 한 달이 되고, 한 달이 모여 1년이 되고, 영업하는 시간은 정말 빨리 흘러갔다. 젊은 나이에 TM을 하고 돈을 잘 버는 나에게 언니들은 조언도 아끼지 않았다. 언니들이 있었기 때문에 나는 힘들게 번 돈을 허투루 쓰지 않았고 돈의 소중함을 알았다. 부모님께 효도도 할 수 있었다. 엄마, 아빠에게 필요하다 싶은 것은 무엇이든 해드렸다. 어떻게 보면 직장에 와서 업무를 배워 돈을 버는 것보다 나는 보험사에 와서 인생을 배웠다고 해도 과언이 아니다.

〈경남일보〉에 실린 칼럼을 읽은 적 있다. 지혜란 경험과 연륜에서 나온다는 것을 잘 말해주는 칼럼이었다. 칼럼에 따르면 우리가 어떤 사물의 현상을 느끼거나 파악하는 정신 작용은 거의 시력에 의해서라고 한다. 직접 눈으로 봐야 존재의 가치를 느낄 수 있고, 믿는다는 뜻이지만, 볼 수 없는 것들이야말로 시공간을 뛰어넘는 변할 수 없는 아름다움인지도 모른다고 했다. 가령 훌륭한 외모보다는 보이지 않는 지성과 감성도 아름답지만, 연륜에서 묻어나는 지혜는 더욱 아름답다는 것이다. 무엇이든 미리 생각하고 정하고 또 올바른 판단과 분명히 결정하기까지는 경험이 많을수록 이로운 것이 사실이다. 현재와 미래를 살아가는 데도 지혜란 빼놓을 수 없는 소중한 재산임에는 틀림없다. 그 무엇을 하기 위해서는 많은 시행착오 과정을 보내고 나서야 비로소 자기만의 것으로 만들 수 있다. 아무리 훌륭한 스승이라 해도 나이가 깨우쳐주는 것은 물려줄 수 없다. 지식은 경험이 없어도 얻을 수 있으나 경험이 없는 지혜란 있을 수 없다는 것이다.

칼럼을 읽고 나서 내내 '지식은 경험이 없어도 얻을 수 있으나 경험이 없는 지혜란 있을 수 없다'라는 문구가 잊히지 않았다. 나는 정말 연륜 있는 경험 많은 언니들 덕분에 인생의 모든 것을 쉽게 알아갈 수 있었다. 그들이 가진 건강한 마인드, 즉 하는 일에서 배움을 찾고 미래를 꿈꾸는 모습에서 TM을 하면서 꼭 갖춰야 할 마음가짐도 배울 수 있었다. 그렇게 행복한 삶을 누리며 예쁨을 독차지하며 날로 성장했다. 빨리 성공하고 부자가 되어서 엄마 아빠 용돈도 많이 드리고, 이렇게 예쁘게 잘 키워주신 부모님께 효도하고 싶은 마음이 가장 컸다. 그런데 나에게는 좋은 일들도 셀 수 없이 많았지만 아픔도 있었다. 지금 이 계절에 가장 많이 생각나고 지금, 이 순간도 하염없는 눈물이 나는 일이다.

2016년 가을이었다. 새벽에 갑자기 아빠에게서 전화가 왔다. 이른 새벽에 전화하신 아빠 발신 번호를 볼 때 갑자기 무서움과 두려움이 들었다. 새벽에 이렇게 전화하시는 분이 아니기 때문이다. 아빠는 전화로 "엄마가 숨을 안 쉰다. 어서 준비하고 내려와라"라고 하셨다. "아빠, 엄마가 숨을 안 쉬면 119에 전화하거나 병원에 전화해야지! 왜 나한테 전화하냐?"라며 떨리는 목소리로 막 다그쳤다. 엄마는 새벽에 화장실에서 볼일을 보시다가 갑자기 심장마비가 오신 것이었다. 명절이 지나고 친정에 좀 쉬었다 갈 겸 같이 있던 언니가 처음 화장실에서 발견했을 때는 이미 늦었다. 엄마는 대변까지 보셨다. 사람이 돌아가시기 전에는 이렇게 변을 본다고 한다.

119에 전화해서 심폐소생술까지 했지만, 엄마는 우리에게 한 마디 인사도 없이 그렇게 하늘나라로 떠나셨다. 청천벽력 같았다 그 전날에만 해도 딸이 백김치 좋아한다고 담아서 택배로 보내주셨고 통화도 했다. 엄마는 정말 자식 사랑이 남달랐다. 동네에서 소문이 자자할 정도로 요리를 잘하셨고, 네 명의 자식들에게 반찬 해서 보내주시고 늘 전화해서 "사랑한다. 엄마 딸로 태어나줘서 고마워. 엄마는 정말 행복해. 수경아, 인생이 이렇게 아름다울 수 있는 거냐? 요즘 너무 살맛 난다"라는 소리도 자주 하셨다. 그래 놓고 혼자 그렇게 가셨다.

아빠를 비롯해 가족들이 너무너무 힘들었다. 그렇게 빨리 가는 시간도 멈춘 듯했다. 나는 특히나 제대로 일할 수가 없었다. 엄마랑 비슷한 고객들 목소리만 들어도 눈물이 났고, 엄마랑 비슷한 나이대 언니들만 봐도 눈물이 났다. 매 순간이 슬펐다. 젊은 나이에 너무 빨리 가셨다. 하늘도 무심하셨다. '정말 하나님은 살아 계시는 것일까?' 원망스러웠다. 아무것도 하고 싶지 않았고, 내가 왜 돈을 벌어야 하는지도 모르겠고 죽고만 싶었다. 언니랑 동생들은 결혼해서 아이들이 어렸기 때문에 한참 손이 가는 아이들을 돌보느라 정신없이 바빴다. 슬퍼할 겨를도 없었다. 시간 많고, 생각 많은 나는 마음 둘 곳이 없어 하루하루가 지옥 같았다. 그렇게 힘들게 보내고 있을 때 회사 언니 한 명이 점심을 사주면서 다독였다.

"수경아, 우리는 너희 엄마가 해주신 음식을 절대 잊지 못할 거야. 수경이도 꽃 좋아하지? 우리가 꽃을 볼 때 예쁜 꽃이 있으면 꺾고 싶고, 갖고 싶잖아. 하늘나라에서도 엄마가 너무 예쁘고 필요해서 빨리 모셔 가신 거 같아. 좋은 곳에서 잘 지내고 계시니까 힘내자."

그렇다. 엄마는 너무 예쁘고 사랑스러워서 하나님이 일찍 데려가셨나 보다. 마음의 위로가 조금은 됐다. 세상은 정말 생각처럼 되지 않을 때가 많다. 반대로 생각지 않은 좋은 일들이 또 생길 수도 있는 것이다.

하루하루 주어진 삶에 감사하면서 사는 것이 중요하다. 나도 언제든지 하나님이 부르면 가야 하는 거니까. 언니들은 하나같이 사랑으로 나를 위해줬다. 기쁠 때나 힘들 때나 즐거울 때나 늘 나와 함께했고 같이 삶을 나눴다. 나이는 달라도 삶을 나누고 함께 공감할 수 있는 것, 이런 것이 친구 아니겠는가?

나는 TM에서 인생의 모든 것을 배웠다. 지금까지 내가 16년 동안 해왔던 나의 지식과 경험, 깨달음을 통해 처음 TM을 하는 신입들이 TM을 하면서 겪는 어려움들을 해결해주고 싶다. 같이 공감해주면서 해결하는 메신저 역할을 하는 것이 꿈이다. 내가 받은 따뜻한 사랑, 조언, 격려, 선한 영향력을 주고 꿈과 희망을 주는 사람이 되고 싶다. 나는 꿈이 좋다. 나에게 있어 꿈은 연인이고 전부다. 내 꿈은 현재 진행형이다.

이나모리 가즈오(稻盛和夫)의 《좌절하지 않는 한 꿈은 이루어진다》에서 나온 내용으로 마무리한다.

"인생이란 시련의 연속이며 우여곡절도 많고 어떤 일이 일어날지 알 수가 없다. 주위 사람들 모두가 부러워할 만한 행운을 만날 때도 있고 예상치 못한 실패나 시련을 겪기도 한다. 그러나 분명한 것은 인생의 명암을 가르는 것은 행운이나 불운에 달려 있지 않다는 것이다. 모든 것은 마음먹기에 달렸다. 어렵고 힘들다고 희망을 잃어서는 안 된다."

꿈이 있는 사람보다 아름다운 사람은 없다. 꿈을 위해 노력하는 모습에서 강한 도전과 열정을 느낄 수 있기 때문이다.

언택트 시대, 새로운 위기에는 TM이 답이다

언택트(Untact)는 '접촉하다'라는 뜻의 콘택트(contact)에 부정적인 의미의 언(Un)을 합성한 말이다. 기술의 발전으로 인해서 물건을 구매할 때 물건 판매자인 점원과의 접촉 없이 물건을 살 수 있는 새로운 소비 경향을 뜻한다. 언택트 시대, 새로운 위기 속에서 TM이라는 직업은 주목할 만하다.

내가 2007년에 입사해서 처음 일을 시작할 때 내 옆에 앉은 언니가 이야기했다.

"보험 TM 거의 끝물에 왔네. 좀 더 일찍 왔음 좋았을 텐데. 그래도 젊으니까 잘해 봐."

도전과 열정이 넘쳤던 신입에게 힘 빠지고 도움 안 되는 이야기이긴 했다. 하지만 어차피 온 것 최선은 다해보자는 마음으로 열심히 했다. 결론적으로 TM은 없어지지 않았고 꾸준히 계속 성장해왔다. 입사 이후 20년 가까이 된 지금도 수많은 사람이 TM을 선택하는 것에는 이유가 있으며, 끝물은 아니라는 것을 확실히 말해주고 싶다. 지금도 온라인상에서 이루어지는 구인 광고 중에는 TM 구인 광고가 많다. 그만큼 비대면 시대에 분명히 비전이 있다는 것이며, 영업의 꽃은 마케팅이고 그 마케팅의 정점은 TM이다.

코로나 시대에 정말 많은 사람이 직장을 잃고 힘들어했다. 반면 텔레마케팅은 감사하게도 큰 어려움 없이 잘 지나갔다. 오히려 경기가 어렵고 힘들수록 고객들에게 보험 상담과 가입 문의가 더 많았다. 아무래도 코로나 바이러스 감염증 팬데믹 현상이 지속되는 가운데, 불안 심리가 커지면서 보험 가입 의향도 크게 높아진 것으로 보인다. 그 어느 때보다도 상담원들은 바빴다. 아마 내가 TM이 아니고 대면으로 하는 영업직이었다면 어땠을까? 감사하지 않을 수 없었다. TM을 하다가 경력이 단절됐거나 일을 그만뒀던 사람들도 다시 면접을 보러 왔다. 재입사해서 일하는 사람도 더러 있었다. 거의 15년쯤 전부터 10년 내 없어질 1위 직업은 늘 TM이었다. 그런데 오히려 시장이 넓어지고 있는 것은 사실이다.

하루는 가입했던 고객에게서 전화가 왔다. 그때 설명해줬던 보험을 다시 설명해보라고 한다. 재설명을 해드렸더니 그래도 이해가 안 된다면서 직접 보험자료를 뽑아와서 설명해주면 안 되냐고 요청했다. 우리는 TM 업무상 고객이 직접 사무실에 찾아와도 옆에 앉혀 드리고 녹취되는 전화로만 가입이 된다. 정중히 안 되는 사유에 대해서 말씀드렸더니 고객은 이렇게 말했다.

"전화로 가입하면 그때는 다 된다고 해놓고, 막상 보장받을 때는 이래서 안 주고 저래서 안 준다고 하던데요? 나중에 보험금 받을 일 있으면 보상 청구하는 절차도 까다롭다고 하고요. 지인이 있는데 편하게 그분한테 하는 게 낫겠어요. 충동 가입한 것 같아요."

TM을 하다 보면 이런 일이 빈번히 발생한다.

"고객님, 당연히 그러셨을 거예요. 고객님 마음은 충분히 이해되는데요. 그런데 생각해보세요. 직접 만나서 보험에 가입하면 눈으로 보면서 설명도 듣고 질문도 하게 되지만, 만약 지인분이면 '알아서 잘해주겠지' 하고 믿고 맡기는 경우가 훨씬 더 많으세요. 보험에 분쟁조정이 가장 많은 게 지인 계약인 것 아시죠? 직접 만나서 이야기하는 것은 증거 자료가 없지만, 저희는 '여보세요' 한 순간부터 녹취가 다 되고 있어서 있는 사실 그대로만 말씀드리는 거고요. 혹여라도 안내가 잘못 나가면 가입이 이루어질 수 없는 시스템이에요. 믿고 가입하셔도 괜찮으시고요. 전문가들도 보험하고 보증은 아는 사람에게는 가입하지 말라는 말까지 하잖아요. 믿고 가입하셔도 문제없으세요. 언제든지 녹취 자료를 원하시면 들려드리기 때문에 보장받는 데 전혀 문제없으십니다. 소중한 시간을 내주셔서 믿고 가입해주신 만큼 관리 잘해드릴게요."

바쁜 고객들이 시간을 잡고 설계사님을 만나서 보험 설명을 듣고 할지, 말지 결정하는 것은 쉽지 않다. TM은 상품 자체도 복잡하지 않다. TM으로 판매할 수 있게끔 단순하다. 그래서 명확히만 짚어주면 된다. 이렇게 가입해놓고 잘한 것인지, 괜히 한 것인지 알고 싶어서 전화를 주셨을 때는 전화로 마음을 다해 반론을 하면 고객은 또 믿고 유지해준다. 직접 찾아가지 않아도 전화만으로 모든 것이 가능하다. 영업하면서 우리가 말하는 멘트는 정말 중요하다. 이 멘트 하나 때문에 계약이 취소되기도 하고, 믿고 유지하기도 하기 때문이다. 고객들도 정말 상담원이 마음을 다해 말을 하는지, 그냥 입에서 나오는 말인지 다 안다. 앞으로 언택트 시대는 계속 이어질 것 같다. 마음의 그릇을 키워서 새로운 위기를 기회로 바꾸는 답을 잘 찾았으면 한다.

내 고객들도 코로나가 장기간 이어지면서 보험 유지를 잘했던 분도 실효 해약이 정말 많아졌다. 자영업자들이 힘들어지면서 우리 보험 시장도 마냥 좋은 것만은 아니었다. 사람들이 가장 힘들면 제일 먼저 정지하고 싶은 것이 보험이다. 보험은 당장에 필요한 것이 아니라 만일의 사태에 대비해 미리 준비해놓는 무형 상품이기 때문이다. 예전에는 보험 실효를 시키면 전화해서 끝까지 잘 유지하도록 격려했다. 하지만 요즘에는 고객들이 "실직당해서요", "가게가 폐업해서요", "식당을 하는데 오늘 겨우 한 그릇 팔았어요" 이런 이야기를 하시면 더 이상 드릴 말씀이 없다. 대출받아서라도 보험을 유지하라고 할 수는 없으니 말이다.

고객들과 상담하면서 고객의 힘듦을 들어주고 응원하는 것이 우선이었다. 고객님들의 어려움을 들으면서 이 어려운 시기에 실직당하지 않고 월급을 꼬박꼬박 받을 수 있다는 것에 정말 감사했다. 비록 힘든 부분들도 있었지만, 고객님들에 비하면 나는 진짜 힘든 것도 아니었다. 직접 찾아뵙지는 못해도 전화로라도 진심과 위로를 전하는 것이 내가 할 수 있는 최선의 방법이었다. 어떤 중년 여성분한테는 TM을 해보라고 권해보기도 했다. 자신감과 열정만 있으면 누구나 도전해볼 수 있다고 말이다. 고객을 가장 최전선에서 응대하는 전국의 상담원은 대략 7만 명 정도다. 그중 금융권 TMR*은 3만 명이라고 한다. 취업하기 힘든 시

* TMR : 텔레마케터(Telemarketer)의 줄임말이다.

기에 자본금이 들어가는 것 없고, 중요한 긍정적인 마인드에 성실함과 밝은 목소리면 충분하다.

캐롤 드웩(Carol S. Dweck)의 저서 《마인드셋》을 읽어보면 인생에 있어 큰 도움이 될 것으로 생각한다. 이 책은 스탠퍼드대학교 심리학과의 세계적인 교수가 쓴 책이다. 이 책에서는 마인드셋이 모든 것을 결정짓는다는 것을 주장하며, 마인드셋의 종류와 그것이 인간의 성공에 미치는 영향 등에 대해 다룬다. 마인드셋에는 고정 마인드셋(fixed mindset)과 성장 마인드셋(growth mindset)이 있다. 고정 마인드셋은 자신의 능력이 한계가 있다고 생각하며 실패를 피하려고 노력한다. 반면 성장 마인드셋은 자신의 능력이 발전할 수 있다고 생각하며 도전을 즐기고 실패를 배움의 기회로 여긴다.

다시 말해 고정 마인드셋은 자기 능력이 어떻든 그 능력을 바꾸기 위해 자신이 할 수 있는 것이 많지 않다는 사고방식이지만, 성장 마인드셋은 자기 능력을 향상할 수 있고, 달라질 수 있다고 생각하는 것이다. 고정 마인드셋은 평가에 초점을 두는 반면, 성장 마인드셋은 배움에 초점을 둔다. 성장 마인드셋은 끊임없는 배움, 이를 통한 성장에 초점을 둔다. 반면 고정 마인드셋은 자신의 재능과 능력은 바뀌지 않고 고정되어 있다는 믿음이다. 책에서도 실패와 역경이 닥쳐도 비관적으로 대응하지 않고 끊임없이 배우고자 노력하는 성장 마인드셋의 중요성을 강조했다.

텔레마케팅 현장에서 누군가는 항상 끊임없이 배우고 성장하고자 노력한다. 변화하는 과정에서도 발 빠르게 적응하려고 피나는 노력을 한다. 반면에 누군가는 변화하는 것을 두려워하고 매사 부정적이며 현실에 안주하고 싶어 한다. 전자와 후자의 영업 성과는 엄청나게 다르다. 모든 것은 마음가짐에 달려 있다. 변화하는 시대에 실패와 역경이 닥쳐도 끊임없이 배우고 노력하는 여러분이 되길 응원한다.

마지막으로 '실리콘밸리 신화', '작은 거인' 김태연 회장의 말을 기억해보자.

"실패를 두려워하지 마세요. 평범하게 살지 마세요. 스스로를 명품이라고 생각하세요. 하지만 그 과정에 고통이나 역경, 실패, 눈물, 아픔 등은 원하지 않지만, 분명히 함께합니다. 재도전하면 실패도 익숙해지죠. 우리 모두 할 수 있습니다."

TM의 퇴사는 내가 결정한다

사오정, 오륙도라는 말이 있다. 40대인 직장인들에게는 사오정이 가장 무서운 말이다. 한창 일할 나이에 '사오정' 신세가 된다면 하늘이 무너지지 않을까?

사오정이란 '45세가 되면 정년'이라는 뜻의 신조어다. 너무 서글프다. 45세면 UN이 정한 청년이라는데 벌써 은퇴당하면 무엇을 해야 할지 앞날이 캄캄할 것 같다. 1997년 IMF 이전에는 '평생 직장'이라는 것을 당연하게 생각했던 시절이 있었다. 요즘 밀레니얼 MZ세대에게 '평생 직장'을 이야기하면 무슨 호랑이 담배 피우던 시절 이야기하냐고 핀잔을 받을 것이다. 세월이 참 많이 바뀌었다. 이제는 '평생 직장'이라는 개념이 희미하게 없어지고 있다.

한편 오륙도란 '56세까지 일하면 도둑'이라는 뜻의 신조어다. 50대에는 돈 들어가야 할 곳이 가장 많을 텐데 당장 아이들 등록금, 노후 자금까지 돈을 많이 써야 할 시기에 정년퇴직이라는 벼락같은 상황에 당황하지 않을 사람은 없을 것이다, 기대수명은 계속 길어지고, 일할 수 있는 시간은 짧아지고 어떻게 해야 할까? 이런 면에서 텔레마케팅은 평생 직장이라고 할 수 있다. 스스로 자기 계발과 마인드 컨트롤만 잘되면 내가 일하고 싶을 때까지 평생 일할 수 있다. 그래서 나는 평생 일할 수 있는 보험 콜센터를 적극적으로 추천해주고 싶다.

내가 일하는 콜센터에도 50대 상담원들이 정말 많다. 그리고 일도 꾸준히 정말 잘하신다. 늘 얼굴에 미소가 떠나지 않고 일할 수 있는 장소를 허락해주는 것에 행복해한다. 회사에 대한 애사심도 높다. 자연스레 감사가 넘친다. "이 나이에 내가 어디 가서 이렇게 돈을 버니? 너처럼 젊은 나이에 못 들어온 게 후회된다"라고 자주 말씀하신다. 이렇게 마인드가 다르다. 이런 긍정적인 마인드는 누구도 따라갈 수가 없다. 그래서 일도 젊은 사람들보다 잘하신다. 심지어 쉬는 주말에도 DB를 제공하니 일하라고 하면 너무 좋아하셨다. 젊은 사람들은 주말에 쉬고 싶으니 일을 안 했다. 주말까지 일 시키면 오히려 짜증을 낸다.

나도 사실 그렇다. 업무는 주어진 시간에만 최선을 다하고, 주말에는 나를 위해 충전해주는 것이 좋다. 그런데 나이 드신 분들은 DB를 주는데 왜 일을 안 하냐는 식이다. 정말 놀라지 않을 수 없다. 한 살이라도 젊을 때 텔레마케팅에 도전해보라. 삶의 질이 달라질 수 있다.

나는 2007년에 입사해서 저축보험 판매 말고는 생명보험사에서만 근무했다. 처음 근무했던 곳은 4년, 그다음 회사는 6년, 지금 근무하고 있는 회사도 올해로 6년 차에 접어들었다. 보험 TM에 근무하면서 내가 느낀 것은 입사하는 것보다 퇴사하는 것이 훨씬 더 힘들다는 것이다. 이것은 나의 가치가 그만큼 높다는 것이기도 하겠지만, 일을 좀 한다는 상담원들은 회사에서 쉽게 놔주지 않는다. 퇴사를 하려면 전 직장 팀장하고 인연을 끊는 사람도 있다. 나도 그랬다. 그래서 인간관계가 가장 어렵다.

사람 마음이 다 내 마음 같지 않은 것은 알지만, 그때는 너무 어렸고 그 시선이 너무 차갑게 느껴졌다. TM 바닥이 넓다면 넓고 좁다면 좁은 곳인데, 왜 이렇게까지 해야 하나 하고 말이다. 더 잘하라고 응원해주면 타사 갔다가 다시 올 수도 있는 것인데 현재까지도 의문이다. 한곳에서 같은 상품만 팔다 보면 지루하기도 하고 슬럼프가 오게 된다. 이럴 때 환경을 좀 바꿔주고, 다른 상품을 팔아보는 것도 좋은 경험이었다. 이직할 때는 나에게 잘 맞는지, 팀 분위기와 환경, 팀장, 팀원들도 굉장히 중요하다. 내가 이직할 때 가장 중점을 두는 것은 내가 판매하고자 하는 상품이 내가 좋아야 하고, 내가 만족해야 했다. 내가 마음에 들지 않고 판매하기 싫으면 마음을 다해 상품을 안내하기가 쉽지 않다. 이렇게 이직하고 싶을 때 내가 결정해서 퇴사했다. 이 얼마나 멋진 일인가?

회사 입장에서는 상품이 마음에 안 들면, 마음에 안 드는 부분도 장점화를 시켜 나만의 방법으로 판매하면 되지 않느냐고 한다. 이런 것이 능력이라고 하면서 말이다. 나도 처음에는 해봤다. 그런데 일단 목소리부터가 자신감이 없으니 판매가 잘 안됐다. 그래서 나는 이직할 때 경력자 우대 급여 조건도 물론 중요했지만, 팔고자 하는 상품이 내가 좋아야 했다. 근무 조건은 TM은 거의 다 비슷하다. 업무시간 안에 내가 집중해서 일만 하면 성과는 비슷했다. 내가 그 직장에 있기 싫고 일하기가 싫을 때, 쉬면서 재충전하고 싶을 때 그때 퇴사를 하는 것이다.

"당신, 마음에 안 드니까 내일부터 나오지 마세요" 이런 것은 없었다. 내가 하기 싫어서 스스로 퇴사하는 것과 회사에서 권고사직당하는 것은 하늘과 땅 차이다. 언제든 내가 원하면 재입사해서 할 수 있는 일이기 때문에 TM의 퇴사는 내가 결정하는 것이다.

내가 하는 일에 자부심을 느끼고 자신감 있게 일하려면, 나의 체력 관리와 멘탈 관리가 TM에 있어 굉장히 중요하다. 일을 더 하고 싶어도 몸이 안 좋아서, 아파서, 체력이 안 되어서 어쩔 수 없이 일을 쉬어야만 하는 사람도 많다. 10배로 벌려면 10배의 체력이 필요한 것이다. 모든 병의 원인은 스트레스라는 말이 맞다. 사람을 상대하는 일이 여간 쉽지 않다. 그리고 무엇보다 전혀 모르는 사람에게 상품을 안내하고 지갑을 열게 하는 것은 매우 어렵다. 또한 이런 일을 하루, 한 달로 끝내는 것이 아니라 매일매일 고도의 집중력을 가지고 잘 해나가야 한다.

회사에서는 상담원을 최우선으로 최고의 대접을 해준다. 그런데 늘 반복되는 일과 매일 계약해야 한다는 강박, 그리고 항상 팀에서 다른 사람과 비교해야만 하는 영업 현장 등 직장은 이윤 추구가 목적이라 어쩔 수 없는 것이다. 일하고 싶어도 내가 아파서 일을 못 해 퇴사하게 되면 참 안타깝다. 퇴사는 내가 하고 싶을 때 당당하게 하는 것이다. 텔레마케터가 없으면 회사는 없는 것이다. 내가 하는 일에 항상 자신감 있게 일하면 되는 것이다.

회사에 대학생으로 보이는 남자 직원이 들어왔다. 대학교에 다니다가 휴학했다고 했다. 전공은 상담 관련된 과라고 들었던 것 같다. 목소리도 멋지고 성실하게 일을 꽤 잘했다. 대학생들이 학비를 벌려고 아르바이트를 하면 보통 카페 일이나 택배, 대리

운전, 과외 이런 것이 전부였다. 하지만 그는 빠르게 돈을 벌고 싶어서 왔다고 했다. 아르바이트가 아니라서 일반 직장인들보다 받아 가는 월급이 엄청나게 컸다. 2~3년 안에 부지런히 벌어서 퇴사했다. 대학 졸업도 했고 지금은 번듯하게 결혼도 했다. 사랑스러운 자녀까지 낳아 미국에서 행복한 가정을 꾸렸다. 이처럼 TM의 퇴사는 내가 결정하는 것이다.

텔레마케팅은 한 번도 안 해본 사람은 있어도 한 번만 해본 사람은 없다. 장기간 근무하면서 부지런히 돈을 번 뒤 나가서 장사했다가 다시 들어오는 사람도 많았다. 돈 벌어서 잠깐 쉬었다가 건강해지면 또 와서 콜을 했다. TM이 너무 지쳐서 다른 일을 해보겠다고 나갔다가 이만한 일이 없다며 다시 오는 경우도 많았다. 장단점은 분명히 있었다. 워낙 이직률이 높다 보니 동료들과 쉽게 친해질 수 없었다. 또 마음이 통해서 공감을 나누던 직원이 갑자기 그만두는 경우도 많았다.

나는 텔레마케팅을 하면서 다른 분야로 이직하기 위해 퇴사하는 일은 없을 것이다. 예전부터 계속해보고 싶은 일이 있었다. 젊은 나이에 나에게 TM을 하게 하신 것은 분명한 이유가 있다고 믿는다. 나는 16년 동안 텔레마케터로 일하면서 많은 경험과 지식을 쌓아왔다. 그러므로 텔레마케팅을 처음 시작하는 사람들을 도울 수 있다. 일의 힘듦을 어떻게 극복했는지, 또 내가 왜 이 직업에 오래 종사할 수 있었는지, 평범한 직장인보다 왜 이 일에 만족했는지 들려줄 수 있다. 내가 이 일을 잘 해낸 만큼 당신도 그럴 수 있다고 말해주고 싶다.

그러려면 대중에게 나를 알릴 수 있게 책을 써야 한다. 책이 바로 지적 자본이자 사업 밑천이기 때문이다. 내가 그동안 얻어온 지식과 경험, 깨달음을 대중과 공유하려 한다. 그래서 내 책을 읽고 나를 찾아오는 사람을 진심으로 코칭하고 컨설팅해주는 작가, 코치로 성장하고 싶다. 내 지식과 경험과 노하우를 한 톨도 남기지 않고 책 속에 담을 것이다. 사람들은 누구나 돈을 벌고 싶어 한다. 영업을 선택하는 이유다. 그러므로 어떻게 하면 쉽게 계약할 수 있는지, 어떻게 고객 관리를 해야 하는지, 나의 영업 노하우를 아낌없이 책에 쏟아부을 것이다.

TM은 자신감이 반이다

노먼 빈센트 필(Norman Vincent Peale)은 "자신을 믿어라. 자신의 능력을 신뢰하라. 겸손하지만 합리적인 자신감 없이는 성공할 수도, 행복할 수도 없다"라고 말했다. 자신감은 모든 일을 해내는 데 있어 정말 중요한 것이다. 내가 나를 믿지 못하는데 어떻게 성공하며, 어떻게 일을 잘 해낼 수 있을까? 우리는 겸손하지만, 합리적인 자신감이 분명 필요하다.

내가 처음 보험사에 입사해서 첫 콜을 돌릴 때였다. 그 두려움과 떨림은 겪어보지 않은 사람은 정말 모를 것이다. '제발 고객이 바빠서 전화를 안 받았으면 좋겠다' 이런 생각을 수도 없이 했다. 한 콜이 끝나면 다음 콜을 연속해서 계속 돌려야 하는데 너무 무서웠다. 교육받을 때는 만들어 놓은 스크립트만 잘 읽으면 쉽게 계약할 줄 알았다. 자신감으로 가득했다.

하지만 현장은 너무 달랐다. 자신감은 멀리 날아가버리고 두려움만 커졌다. 목소리는 점점 기어들어 가고 대체 뭘 하고 있는지 스스로 한심했다. 고객들도 전화를 받으면 "신입인가 보네요?" 하고 바로 알아차렸다. '과연 내가 잘할 수 있을까? 해낼 수 있을까? 나는 못할 것 같아' 하면서 점점 움츠러들었다. 옆에 계신 선배님들은 옥구슬같은 목소리로 아주 설명을 잘하셨다. 정말 부러웠다. 상품 지식은 공부를 많이 해서 문제없었다. 하지만 나 혼자만 알고 있으면 뭐 하나. 실장님은 신입 한 사람씩 콜 모니터링을 하셨다. 몇 콜을 들어보시고는 피드백을 해주셨다.

"수경 씨는 차분하게 설명을 너무 잘하네요. 그런데 가장 중요한 자신감이 없어요. 콜은 자신감이 반이에요. 목소리에 자신감을 실어 당당하게 하면 계약 잘하실 것 같아요. 내가 꼭 해야 하는 일이라고 하면서 수경 씨 자신을 믿으세요. 해낼 수 있다고, 잘할 수 있다고."

나는 다시 자리에 앉아 스스로 다짐했다. '간절하게 노력하고 행한다면 분명 이루어질 것이다'라고 말이다. 계약해서 기뻐하는 내 모습도 상상하면서 이미 이루어진 것처럼 당당하게 콜을 시작했다. 목소리가 너무 컸는지 옆에서 쳐다보는 일도 있었지만, 내가 살아야 하니까 나만 생각했다. 반드시 계약하고야 말겠다는 심정으로 말이다.

바빠서 뚝 끊는 고객들은 어쩔 수 없었지만, 설명을 들어주는 고객만 있으면 계약했다. 그런데 신기하게 말만 하면 줄줄이 사탕처럼 계약해주는 것이다. 사실 고객이 반론을 하고, 물어보는 것도 많았다. 신입이라서 제대로 잘 알지 못하면서도 모르는 것은 눈치 못 채게 몰라도 당당하게 아는 척했다. 지금 생각해보면 그때 이 자신감이 어디서 나왔는지 잔잔한 미소만 지어진다. 첫 달부터 넘치는 계약으로 전체 1등을 했다. 나의 영업의 자신감은 이때부터였다. 단순히 보험만 파는 것이 아니라 정말 가치 있는 일이라고 생각했다. 항상 당당하게 자신감을 잃지 않으려고 노력했다.

예민해서 기분이 가라앉으려 하면 기분을 좋게 해주는 동영상이나 사진을 보면서 최상의 컨디션을 유지하려고 했다. 텔레마케팅은 자신감이 반이다. 이런 자신감을 얻기 위해서는 무조건 닥치는 대로 쉼 없이 통화를 해야 한다. 많은 고객을 만나 더 많은 말을 하게 되고, 다양한 반론을 받을 수 있기 때문이다. 이게 나만의 큰 재산이 되는 것이다. 고객의 반론을 무서워하지 마라. 우리가 자신감을 가지는 데 가장 필요한 공부거리가 된다. 자신감이 업그레이드되면 소득은 당연히 따라오는 것이다.

나는 보험을 판매하면서 저렴한 보장성 보험뿐만이 아니라 종

신보험도 판매를 많이 했다. 종신보험은 말 그대로 피보험자(보험
대상자)가 사망하게 되면 가족들에게 사망보험금이 나가는 상품이
다. 사실 전화상으로 사망보험금이 나가는 보험을 파는 것은 쉽
지 않다. 또 고객이 오해할 소지도 크다.

"나보고 빨리 죽으라고 하는 거예요?"
"암보험 가입하면 암 걸리고, 사망보험금 가입하면 빨리 죽는
다는데 필요 없어요."

거절도 많았다. 하지만 나는 젊은 가장들에게는 무조건 종신
보험을 많이 권했다. 고객들 중 니즈는 있지만 정말 경제적으로
여유가 없다고 하는 분도 정기보험이라도 저렴하게 넣어줬다.
한 가장이 자리를 비운다면 그 가정은 풍비박산이 되는 상황들
을 정말 많이 봐왔기 때문이다. 부정적으로 반론하는 고객에게
도 자신감 있고 당당하게 "준비된 자에게는 위험도 피해 간다고
합니다. 당장 앞만 보지 마시고요. 미래도 보셔야지요. 경제활동
하실 때 준비해놓으세요"라고 말했다. 다른 직원들은 어떻게 그
렇게 종신보험을 잘 파냐며 신기해했다. 하지만 자신감이 있다
면 팔지 못할 이유가 없었다.

나는 종신보험을 가입시킨 후에도 해피콜은 철저하게 했다. 회
사에서도 모니터링을 아주 강화해서 들었다. 하루는 해피콜을 하

는데 한 고객이 계속 통화가 안 됐다. 문자를 남겨도 대답이 없으셨다. 일이 아주 바쁜가 했다. 그래도 끝까지 해보자고 마음먹고 계속 전화했는데, 고객이 아닌 다른 분이 전화를 받으셨다. 배우자라고 했다. 목소리에 힘이 하나도 없으셨다. 순간 통화하는 나도 소름이 쫙 돌면서 기분이 이상했다. 아니나 다를까 고객인 남편분이 열흘 전에 야근하고 퇴근해서 오는 길에 음주운전 차에 치여 사망했다는 것이다. 배우자인 아내분은 펑펑 우시면서 말을 못 하셨다. 나도 갑자기 펑펑 소리 내면서 자리에 앉아 울었다.

아내분은 울면서도 나랑 이런저런 대화를 하면서 자식을 걱정하셨다. 아이들이 셋이 있는데 미취학 아동들이었다. 나는 자식이 없지만, 그 엄마의 마음이 전달됐다. 가슴이 너무 아팠다. 뭐라고 드릴 말씀도 없었다. 그냥 같이 울어주고 공감해주는 것밖에는…. 그리고 마음이 어느 정도 진정이 됐을 때 그분은 나에게 왜 전화를 주셨냐고 하셨다. 상황을 설명해드렸다. 조심스러운 이야기였지만 정확하게 말씀드렸다. 내가 가입해드린 보장 말고도 타사에도 보장이 있는지 확인하는 방법도 자세히 안내해드렸다. 아내분은 계속 우시면서 정말 보험금이 나오는 거냐며 몇 번을 여쭙고 또 여쭤보셨다.

사실 너무 슬프고 가슴이 아팠다. 뭔들 위로가 되겠냐만 아내분에게 조금이나마 내가 도움을 드린 것 같아서 정말 감사했다.

내가 하는 일이 어떤 일인지 다시 한번 생각해보게 됐다. 단순히 보험을 파는 것을 넘어서 엄청나게 가치 있는 일이었다. 한 가정을 살릴 수도 있는 너무나 귀한 일이었다. 사명감과 자신감을 가지고 해야겠다고 다시 한번 스스로 다짐했다.

아내분은 그로부터 두 달 후쯤 잊을 만할 때 연락을 주셨다. 목소리가 그때보다 많이 밝아지셨다. 이것저것 일자리도 알아보고 계신다고 하셨다. 너무 깜짝 놀란 것은 나처럼 보험 일을 하고 싶다고 하셨다. 설계사 시험도 보려고 공부 중이라고 하셨다. 마음껏 응원해드렸다. 같은 서울이면 만나서 도움 드리면 좋았겠지만, 부산에 계셔서 아쉬웠다. 남들이 "뭣 하러 싫은 소리 들어가면서 어렵게 종신보험을 파냐?" 했을 때 아랑곳하지 않고 나를 믿고 자신감 있고 당당하게 종신보험을 판 나에게 마음껏 칭찬해주고 싶다.

텔레마케팅은 자신감이 반이다. 무엇보다 믿어야 할 존재는 자기 자신이다. 하지만 사전에 철저한 상품 지식이나 고객의 니즈를 파악하는 것을 준비하지 않으면 자신을 믿기가 어렵다. 더구나 다른 사람과 자신을 자주 비교하게 된다. 다른 상담원이 나보다 더 잘한다고 느끼는 순간, 두려움과 불안감은 커지기 마련이다. 비교는 어제와 다른 나만 비교하면 된다.

말의 힘은 누가 대신 키워줄 수 있는 것이 아니다. 당신도 스스로 목표와 시간을 정해 꾸준히 노력해야 한다. 그렇게 노력하다 보면 알게 모르게 당신만의 능력이 쌓이고 자신감이 넘치게 된다. 당신이 스스로 믿지 못한다면 누가 당신을 믿겠는가? 간절할수록 의지는 굳게 마련이다. 강한 의지로 하루하루 성장하길 바란다. 확실하게 미리미리 준비해서 나만의 신념을 가지고 사명을 갖고 당당하게 나아가라. 연습하고, 또 연습하라. 연습만이 완벽한 자신감을 만든다.

TM은 굉장히 매력적인 일이다

　세상에는 수많은 일들이 존재한다. 그중에 영업을 시작하는 사람들은 대부분 내가 하고 싶어서 선택한 사람보다는 어쩌다 보니 영업을 하게 됐다는 사람들이 많았다. 나 또한 그랬다. 일반 직장인보다는 내가 한 만큼 성과 수당을 받아 갈 수 있기 때문이 아닐까? 직업 중에 영업 관련된 일이 아닌 것이 뭐가 있겠냐만, 사람 만나는 것을 두려워했던 나에게는 텔레마케팅 직업이 딱 맞았다. 출퇴근 시간이 명확했고, 야근이 없었으며, 무엇보다 직원들 간의 대인관계에서 오는 스트레스가 없었다. 서로 고객하고 계약하기 바빠 옆자리 사람하고 이야기 나눌 시간도 없다. 말이 많으면 실수가 많은 법이니까.

　처음 텔레마케팅 일을 하면서 나에게는 정말 꿈의 직장이었다. 이런 직업도 있었나 싶었다. 내가 한 만큼, 노력한 만큼 급여를 주었기 때문이다. 나는 지금까지 많은 일을 해보지는 않았지만, 한 달 동안 열심히 일하면 그 대가로 받는 고정 급여가 전부였다. 그렇다고 해서 급여가 높지도 않았다. 한 달 벌어 한 달 겨우 버티는 그런 삶이었다. 그런 나에게 TM은 내가 노력한 만큼 나를 인정해주고 수당을 줬다. 아무리 일이 힘들고 어렵다고 하더라도 그 대가로 보상을 해주면 사람들은 그 일을 그만두지 않았다. 나 또한 일하다가 힘들면 '그만둘까?' 하다가도 급여 날만 되면 '그래 이만한 직업이 없지' 하고 또 수긍했다.

우리가 가게 하나만 차려서 내 개인 사업을 한다고 하더라도 자본이 필요하다. 하지만 텔레마케팅은 자본이 전혀 필요 없다. 심지어 일하는 부스와 데이터베이스(DB)까지 무료로 제공해준다. 그저 나만 열정을 갖고 열심히 하면 되는 것이다. 그런데 이게 말이 쉽지, 아무나 할 수 있는 일은 아니다. 엄청난 노력이 필요하고 타고난 순발력에 스킬 또한 필요하다. 가장 중요한 것은 통화하면서 고객의 니즈를 빨리 파악하는 것이 정말 중요하다. 아무나 할 수 없는 일을 하는 것이고, 하고 싶다고 할 수 있는 것이 아니기 때문에 TM은 굉장히 매력적인 일이라고 할 수 있다.

그런데 목표를 실현하기 위해 열심히 달린 나에게도 4~5년 차에 슬럼프가 찾아왔다. 슬럼프란 '운동이나 경기에서 자기 실력을 제대로 발휘하지 못하고 저조한 상태가 계속 이어지는 것'을 말한다. 그때 나에게 힘이 되어준 책은 헤아릴 수 없을 정도로 많았다. 나처럼 당신도 힘이 들고 좌절할 때 책을 통해 위안받고 용기를 얻었으면 좋겠다. 나보다 더 힘든 상황 가운데서도 열심히 최선을 다해 사는 그들의 모습이 동기부여가 될 테니까.

김태광 작가의 《인생을 바꾸는 자기혁명》에는 슬럼프를 극복하는 방법으로, 다음 여섯 가지를 조언하고 있다.

첫째, 꿈과 목표의 확인이다.
나의 꿈과 목표를 재확인할 필요가 있다. 슬럼프가 오는 가장 큰 이유는 꿈과 목표의 부재 때문이다. 즉 꿈과 목표, 자신이 살아가는 이유를 잊는 순간에 좌절하게 되고 슬럼프가 찾아온다.

둘째, 계획의 수정이다.
때로 기대했던 것에 못 미치는 결과가 자주 이어진다면 계획을 수정할 필요가 있다. 목표를 성취하는 방법은 다양하기 때문이다. 자신에게 맞는 방법을 찾는 것이 중요하다.

셋째, 긍정적인 사고다.
머릿속에 부정적인 사고가 팽배하면 어떤 일이든 자신 있게 할 수 없다. 좋은 결과를 얻기 위해서는 먼저 긍정적인 사고를 가져야 한다. 에너지는 긍정적인 사고에서 비롯되기 때문이다.

넷째, 자신감을 가진다.

자신감은 불안이나 두려움보다 힘이 세다. 그래서 자신감으로 가득 찬 사람은 어떤 일이든 척척 잘 해내게 된다. 지금부터라도 매사에 자신감을 가지고 임하는 연습을 해보라. 자신감은 운동할수록 늘어나는 우리 몸의 근육과 같다. 자신감을 가질수록 더욱 강한 자신감이 솟게 된다.

다섯째, 부담감을 줄인다.

놀이를 하면서 스트레스를 받는 사람은 없다. 왜냐하면 놀이에는 어떤 부담감도 없기 때문이다. 마찬가지로 지금 하는 일을 마지못해 하는 일이 아닌, 꿈과 성공을 위한 과정이라고 여겨 보라. 그리고 사람들과 경쟁하기보다 오로지 내 꿈을 위해 쏟는 도전과 노력이라고 여기면 한결 부담감을 줄일 수 있다.

여섯째, 자신에게 휴식을 선물하라.

슬럼프는 그동안 치열하게 공부한 탓에 심신이 지쳐 있을 때 찾아오기도 한다. 이때 잠시 책을 내려놓고 가장 편안한 자세로 휴식을 취하길 바란다.

슬럼프는 더 나은 내가 되기 위해 앓는 성장통과 같다. 그래서 나는 첫 보험회사 직장을 퇴사하고 마음껏 책을 읽으며 나만의 방법을 찾아 극복했다. 나에게 주는 최고의 선물이었다. 자유를 얻는다는 것은 참 기뻤다. 당신도 슬럼프가 왔을 때 하던 일을 그만두고 잠깐 쉬는 것을 두려워하지 않았으면 좋겠다. 한곳에서 버티는 게 답은 아니었다. 시간만 버리는 꼴이 된다.

텔레마케팅은 전문직이다. 어디든 내가 원하면 재입사할 수 있다. 일을 잘하면 서로 오라고 환영한다. 나 또한 최고의 경력 조건으로 들어갈 수 있었다. 업무 환경도, 팀원도 너무 좋았다. 한번 슬럼프를 겪고 나서 보니 한 단계 성장해 있었다. 노력하고 노력해서 실력을 제대로만 갖춰 놓으면 오라는 곳은 널려 있었다. 일을 잘하는 사람은 어디를 가도 똑같이 잘했다. TM은 굉장히 매력적인 일임이 틀림없었다.

나는 내성적인 성격에 굉장히 소심했다. 하고 싶은 말도 잘 못했다. 늘 혼자 책 읽고 공부하며 조용히 있는 것을 좋아했다. 그런데 이 일을 하면서 내가 말하는 것을 정말 좋아하는 사람이라는 것을 알게 됐다. 사람들로 인해서 스트레스도 받지만, 더러 스트레스가 풀릴 때도 많았다. 내가 알고 있는 것을 누군가에게 전달하는 것이 큰 기쁨이 됐다. 보험에 대해 좋은 정보가 있으면 하나라도 더 알려주고 싶었다. 목소리만 듣고 나를 믿어주는 고객들. 또 어쩜 그렇게 말을 빨리하는데도 발음이 정확하냐며 칭찬해주는 고객들. 세상은 살 만했다. 좋은 고객들이 너무 많았다.

돈도 벌면서 고객들과 삶도 나누면서 성취감도 얻고 이보다 더 좋은 일이 있을까? 때로는 스트레스를 너무 많이 받아서 못하겠다는 사람도 많다. 그런데 어떤 직장이든 이만한 스트레스도 없이 돈을 벌 수 있는 곳이 있을까? TM은 내가 고생한 만큼 보상을 정확히 해준다. 또 장기적으로 근무하면 유지수당이 있어서 지난달 일한 것과 유지수당을 합치면 금액이 1,000만 원이 넘는 경우가 많다. 빨리하면 할수록 유리하다. 여자가 가질 수 있는 직업으로 최고라고 늘 말하고 다녔다. 동료들끼리도 서로 이야기한다. 정말 보험 TM을 알게 된 것은 신의 한 수라고.

경력 단절된 주부들에게도 자신 있게 권하고 싶다. 생각만 하면 아무것도 할 수가 없다. 1톤의 생각보다 1그램의 행동이 중요하다. 시작이 반이다. 도전해보길 바란다. 부딪혀 보고 체험해봐야지만 내 것이 되고, TM의 매력에 흠뻑 빠지게 된다. 혹시 실패할까 봐 미리 걱정하고 있지는 않은가? 대다수의 성공한 사람들은 '실패를 실패라고 생각하지 않았다'라는 것이다. 크게 성공하고 싶다면 큰 실패를 경험할 것이고, 작게 성공하고 싶다면 작은 실패를 경험하는 것이다.

　세상에서 제일 불쌍한 사람이 실패를 한 번도 경험해보지 않은 인생이라고 한다. 성공한 내 모습만 상상하라. 원하는 것만 상상하면 반드시 현실이 된다. TM은 늦게 시작할수록 후회하는 직장이다. 평생 일할 수 있는 보험 콜센터를 적극적으로 추천해주고 싶다. 아무나 할 수 없는 일을 당신은 하는 것이다.

3장

고객의 입장에서 생각하라

고객을 설득하지 말고 설명하라

　텔레마케팅 일은 비슷한 스크립트를 보고 상품 설명과 클로징을 해서 계약하는 일이다. 그런데 같은 스크립트를 써도 누군가는 계약을 잘하고, 누군가는 아무 성과도 못 내는 일이 허다하다. 일을 잘하는 사람은 말을 쉽게 하는 편이다. 일을 잘하는 이유는 타고나서가 아니다. 일은 재능으로 하는 것이 아니다. 아무리 재능이 뛰어나다고 해도 그에 걸맞은 노력을 하지 않으면 빛좋은 개살구에 불과하다. 개선하려고 노력하지 않는데 어떻게 나아질 수 있다는 말인가? 단지 그들은 센스 있게 일 처리하는 특징을 보였다.

　나는 쉽게 설명을 잘해주는 상담원이라는 말을 고객에게 곧잘 들었다. 조곤조곤 상품 설명을 잘했다. 그래서 동료들은 내 콜녹취를 많이 들었고, 내가 쓰는 스크립트도 달라고 부탁했다. 거절하지 않고 내가 쓰는 스크립트를 그대로 복사해서 전부 나누어 주기도 했다. 물론 센스가 있어서 잘 따라 하시는 분들은 성과가 좋았다. 그런데 여전히 좋은 스크립트를 공유해도 업적에 크게 변화가 없는 분들도 있었다. 무슨 차이일까? 바로 고객을 설득하느냐, 고객에게 설명하느냐의 차이였다.

설명은 '어떤 일이나 대상의 내용을 상대편이 잘 알 수 있도록 밝혀 말하는 것'이고, 설득은 '상대편이 이쪽 편의 이야기를 따르도록 여러 가지로 깨우쳐 말하는 것'이다. 고객은 누군가에게 설득당하는 것을 좋아하지 않는다. 나 역시도 다른 누군가에게 설득당하는 것을 별로 좋아하지 않는다. 고객을 설득하려는 순간 마음은 조급해진다. 그래서 고객의 의견과 생각을 주의 깊게 들으려 하지 않고 내 말만 하는 격이다. 상품 중심의 설득이 아니라 사람 중심의 설명이 굉장히 중요하다. 설명만 잘해도 저절로 설득되는 것이기 때문이다.

황현진 작가의 《세일즈, 말부터 바꿔라》를 보면 이렇게 말하고 있다.

"고객이 인식하는 수준을 정확히 파악하고 거기서부터 출발하는 설명이야말로 세일즈 화법에 있어 최고의 전략이다. 옛말에 '개구리 올챙이 적 생각 못 한다'는 말이 있다. 당신은 개구리지만 고객은 아직 올챙이다. (중략) 내 상품과 서비스에 대해서는 내가 더 전문가다. 올챙이를 앞에 두고 개구리의 관점에서 설명하면 안 된다. 올챙이에게 설명할 때는 나 역시 올챙이가 돼야 한다.”

　내가 아는 상담원 중에는 어려운 보험용어를 섞어 가며 유창하게 설명하는 분이 계셨다. 전문가인 내가 들어도 잘 못 알아들을 정도였다. 어렵게 설명하는 것도 재주 같았다. 설명만 들어서는 진짜 너무 완벽했다. 문제는 본인만 신나고 흥분되어 있고, 고객 반응은 영 시원찮았다.

　고객을 무조건 설득하려 하지 말고, 우선 고객의 이야기에 귀 기울여 잘 들어야 한다. 그래야 충분히 공감도 해줄 수 있고, 고객의 니즈를 파악할 수가 있다. 그러고 나서 내가 안내하고자 하는 보험상품을 설명해주면 된다. 내가 고객을 존중하는 마음으로 이야기를 충분히 들어주고 공감한 뒤 내가 판매하고자 하는 상품을 잘 설명한다면 고객은 나에게 자연스레 설득당할 것이다.

　진단자금이 하나도 없으셨던 분이 계셨다. 평생 건강에는 자신이 있었다고 했다. 그래서 보험의 필요성을 느끼지 못했다. 보험에 대한 인식도 안 좋았다고 하셨다. 실비보험 하나만 있으면 되는 것 아니냐고 하셨다. 그런데 나이를 점점 먹어가면서 주변 친구들이 하나둘씩 아프기 시작했다. 그래서 본인도 진단자금 하나는 넣어놔야겠다고 말씀하셨다. 그래서 3대 경제 질병이라고 하는 암, 심혈관, 뇌혈관 진단비 보장을 넣어드렸다. 무조건 해야 한다고 설득을 하는 것이 아니라 왜 필요한지에 대한 니즈만 제대로 설명해주면 고객은 스스로 본인이 답을 내린다.

상담하다 보면 동료들이 자주 묻는 말이 있었다.

"수경아, 너는 콜을 많이 안 하는 것 같은데 계약은 어떻게 이렇게 잘해?"

사실 나는 회사에서 콜 타임 적게 나오는 상담원으로 꼴찌 수준이었다. 관리자 입장에서는 계약이 없으면 콜 타임으로 다그친다. 콜 타임이 높으면 그만큼 많은 고객을 만나게 되니 계약도 잘 나오기 때문이다. 생산성을 높여야 한다고 하면서 말이다. 내가 통화를 했을 때 이 고객은 아무리 설명하고 설득해도 안 할 것 같은 고객들이 있다. 희한하게 거의 정확했다. 그래서 언제부터인가 안 할 고객을 억지로 설득하는 것은 내 에너지 낭비라는 생각이 들었다. 들어주고 공감해주는 고객들에게 설명해주고 오히려 가족 계약 세트로 많이 가입시켰다. 이것이 훨씬 효율적이라고 본다.

고객에게 내가 전달하고자 하는 것을 제대로 설명하려면 상대의 의견을 존중해주는 것 또한 중요하다. 고객과 통화를 하다 보면 고객 통화 내용에 답이 있는 경우가 많기 때문이다. 고객에게 암보험 가입을 권하는데 통화하다 보니 고객은 암보험은 별 관심이 없다. 오히려 직종이 위험직이라며 내 몸 다치는 상해에 대한 보장을 원하고 있다. 그럼 바로 화제를 전환해서 고객이 원하는 상해보험을 정확하게 확실하게 설명해주면 된다. 보험금을 받아 간 사례 예시도 효과가 아주 크다. 그런데 계약을 못 하는 상담원은 고객 이야기는 잘 경청하지 않고, 본인이 팔고자 하는 암보험만 설득한다. 암보험이 좋다면서 말이다.

같은 시간에 같은 DB로 같은 일을 하는데 계약이 너무 없는 상담원들이 있다. 왜 계약이 없는지 그분 요청으로 녹취를 들어본 적 있었다. 계약이 안 나오는 것은 여러 원인이 있겠지만, 그때 들었던 상담원은 고객은 콧구멍이 간지러운데 발가락을 긁어주는 콜이었다. 횡설수설했다. 무슨 말을 전달하려고 하는지 전문가인 나도 알아듣기 힘들었다. 이런 콜은 당연히 "나중에 다시 전화 주세요. 필요하면 전화 드릴게요" 하고 고객이 먼저 끊어버린다.

텔레마케팅은 순발력과 스킬이 굉장히 중요하다. 고객의 니즈를 빠르게 알려면 고객 통화내용을 주의 깊게 경청해야 한다. 그런데 계약을 못 하는 상담원은 고객을 빠르게 설득만 시키려고 했다. 상담원 말도 너무 빨랐다. 조바심이 커보였다. 고객이 뭐라고 질문을 하고 이야기하는지 듣지도 않았다. 본인이 전달하고자 하는 이야기만 빠르게 했다. 고객들은 다 안다. 이 상담원이 나를 설득해서 가입만 시키려고 하는지 말이다. 하루에도 수십 번씩 마케팅 전화를 받을 테니까.

어느 블로그에서 설득과 설명에 대한 미세한 차이점에 관해 설명하면서 다른 누군가에게 나의 말을 자연스레 스며들게 하려면 어떤 방법을 써야 하는지 읽은 적 있었다.

아주 간단했다. 설득하려 하지 말고 우선 상대방의 이야기에 귀 기울여 잘 들어주고 충분히 공감을 해줘야 한다. 그다음 내 의견을 잘 설명해주면 된다고 했다. 내가 고객을 설득하기 위해 노력하면 그는 설득당하지 않을 것이고, 내가 고객을 존중하는 마음으로 그의 이야기를 충분히 들어주고 공감한 뒤 나의 의견을 잘 설명한다면 그는 나에게 설득당할 것이라고 말이다. 정말 공감이 많이 됐다.

내가 16년 동안 보험 텔레마케팅 일을 하면서 꾸준히 좋은 성적을 낼 수 있었던 비법 중 하나는 바로 고객을 설득하려 하지 않았고 고객을 존중했다는 것이다. 그리고 그 팩트를 기반으로 고객 니즈에 맞게 상품을 잘 설명했기 때문이라고 생각한다. 고객을 무조건 내 방식대로 설득 시키려고만 하지 말고 먼저 고객의 말을 경청해보고 설명해보라. 경청 속에 답이 있고 니즈를 뽑아낼 수 있다. 그러면 자연스럽게 한 건 계약하려다가 가족 계약까지 여러 건 세트로 요청하는 경우가 많을 것이다. 고객을 설득하지 말고 설명하라.

TM 언어는 무조건 쉬워야 한다

보험을 계약할 때 생소한 언어를 접하게 되면서 계약을 망설이거나 헷갈렸던 경험을 한 적 있었을 것이다. 나도 이 일을 하기 전에 보험 마케팅 전화를 받아본 적 있었다. 본인 이야기만 다다다다 하시니 뭐라고 하는지 도무지 알아들을 수가 없었다. 텔레마케팅은 전화로 고객의 마음을 열고 계약하는 일이다. 언어가 어려우면 고객들은 그냥 뚝 끊어버린다. 내가 아니까 고객도 알겠지 하는 것은 큰 착각이다.

내가 전에 근무했던 회사에 보험 경력이 20년 이상 되는 베테랑 직원이 들어왔다. 당사, 타사 상품을 누구보다 잘 알고 있었고, 보험 지식수준 또한 굉장히 높았다. 너무 오랫동안 이 일을 해왔고 다양한 상품들을 알고 있었다. 이분의 문제는 고객들도 당연히 본인과 동일할 것이라고 착각하는 부분이었다. 어려운 보험 전문 용어를 자주 썼고, 중요한 기본 보장은 당연히 알겠거니 했다. 그런 까닭에 기본 설명 생략도 많이 했다. 전문가처럼 설명하는 것에 비해 계약 성립률이 많이 떨어졌다. 내가 쉽게 알고 있다고 해서 고객도 똑같이 알고 있지는 않다. 그러므로 제대로 전달하려면 고객의 눈높이에 맞춰야 한다.

나도 처음 이 일을 시작할 때 보험 공부도 열심히 했고 열정도 남달랐다. 누군가가 반론을 한다면 자신 있게 답할 준비도 되어 있었다. 고객이 전화를 받았을 때 신입사원처럼 보이는 것이 싫었다. 전문가답게 보이고 싶었다. 유창한 보험용어를 사용하면서 있어 보이게 설명하고 싶었다. 고객이 질문을 해도 잘 모르면 모른다고 해야 하는데 내 말이 다 맞다 하는 식으로 우겼다. 결국은 고객의 말이 맞았고 내 말이 틀렸다. 고객은 기분 나쁘다면서 보험 철회를 요청하셨다. 한번 신뢰를 잃으니 내 말을 들으려고도 하지 않으셨다.

"못 알아듣게 설명해놓고 다 되는 것처럼 이야기하더니 그러면 안 되죠" 하시며, 기분 나쁘다면서 당장 취소해 달라고 했다. 처음에는 이 말을 듣고 속상했는데 나중에는 내가 너무 한심했다. 이 계기를 통해 나의 상담 콜은 완전히 바뀌었다. 최대한 쉬운 언어를 사용했고, 고객 입장에서 설명하려고 노력했다. 이 고객을 통해 나는 한 단계 성장할 수 있었다.

보험상품은 기본적으로 기본 주계약과 특약으로 이루어져 있다. 주계약은 메인이 되는 계약이고, 특약은 자유롭게 내가 원하는 보장을 옵션처럼 넣을 수 있는 것을 말한다. 기본적으로 주요 보장만 넣어서 계약할 수도 있지만, 특약을 추가하면 특약 보장에 따라 보험료는 달라질 수 있는 것이다. 보험료가 비싸진다. 보험계약자는 보험 계약을 한 사람, 피보험자는 보험에 가입되는 사람, 즉 보험 대상자를 말한다. 보험수익자는 보험금을 청구할 수 있는 사람인데, 보험수익자를 따로 지정하지 않으면 피보험자가 자동으로 보험수익자인 경우가 많다.

고객들은 보험료가 뭔지, 보험금이 뭔지 차이를 잘 알지 못한다. 보험료는 보험사에 매월 지급하는 금액이고, 보험금은 사고 시 보험사로부터 받는 금액을 말한다. 갱신형은 갱신 시마다 보험료 변동이 있다. 위험률에 따라 보험료가 오를 수 있다는 것이다. 갱신형은 거의 대부분의 상품이 내가 보장받는 만기까지 납입해야 하는 전기납 상품이 많다. 비갱신형은 처음 가입했을 때 보험료 그대로 변동 없이 납입하면서 보장받는 것을 말한다. 갱신형은 보험료를 저렴하게 시작할 수 있다는 장점이 있는 반면 보험료가 변동될 수 있다는 단점이 있고, 비갱신형은 만기 때까지의 위험률을 미리 당겨서 보험료를 변동 없이 내는 것이기 때문에 상대적으로 보험료가 높다.

계약하기에 앞서 고객들에게 이런 점을 한 번씩 짚어주면 반응들이 참 좋았다. 어떻게 하면 최대한 쉽게 설명을 할 수 있을까? 마치 초등학생에게 설명하는 것처럼 하나하나 짚어줬다. 말의 속도도 정말 중요하게 알아야 할 부분은 천천히 속도를 낮춰서 짚어줬다. 텔레마케팅의 언어는 최대한 쉽고 간결하게 설명해야 고객들도 이해를 잘한다. 또 이런 부분은 헷갈릴 수도 있겠다 싶은 것은 미리 고객이 질문하기 전에 설명을 해줬다. 어렵게, 전문가답게 설명한다고 해서 성과가 높은 것은 절대 아니었다. 최대한 고객 눈높이에 맞추어 쉽게 풀어서 하나하나 설명을 해줬을 때 성과가 훨씬 높았다. 본인의 수준에서 재지 말고 최대한 쉽게 접근해야 한다는 사실을 되새기고 되새겨야 한다.

나는 김창옥 교수님을 정말 좋아한다. 좋아하는 이유는 여러 가지가 있지만, 가장 좋은 것은 청중들에게 정말 쉽게 설명해주고, 전달하는 언어는 마음의 감동까지 주기 때문이다. 또 정말 유머 감각이 넘치셨다. 사람을 울리기도 하고 웃겨주기도 하고 감동을 줘서 그 여운이 정말 오래 남게 해줬다. 눈높이를 항상 청중에게 맞추셨다. 가까운 친오빠처럼 이야기하셨다. 잘난척하지 않으셨다. 나는 이분 강의를 들으면서 내가 비록 고객들을 직접 만나는 직업은 아니지만, 나도 김창옥 교수님처럼 고객에게 최대한 눈높이를 맞춰서 고객 입장에서 생각하는 상담원이 되고 싶다는 생각을 많이 했다.

텔레마케팅은 고객과의 효과적인 대화를 끌어내야 한다. 명확하고 간결한 언어로 정보도 전달하면서 고객의 질문이나 우려에 대응하고 설득력 있는 응답을 제공하는 능력이 필요하다. 또한 고객의 니즈를 이해하고 공감할 수 있는 능력이 있어야 그에 맞는 제안을 제시하고 문제를 해결할 수 있다. 이럴 때 어려운 언어를 사용하게 되면 고객은 거부감이 들어서 마음을 열지 않는다. 최대한 쉽고 간결한 언어로 다가가면 된다.

외국인도 요즘에는 TM으로 보험 가입을 많이 한다. 한국말을 잘 못 알아듣는 분들도 있지만, 보험을 전화로 가입할 정도면 한국말에 능통하신 분이다. 나는 중국인들 보험 가입을 많이 했다. 사실 너무 놀라운 것은 이분들이 한국 사람들보다 보험을 너무 잘 아신다는 것이다. 모르실까 봐 다시 짚어서 쉬운 언어로 말씀드리면 "그런 것은 당연히 알죠" 이런 말씀을 많이 하셨다. 외국인분들은 특히나 내가 아나운서 같다는 말씀을 많이 하셨다. "녹음기 틀어놓고 하는 거죠?"라고 물어보셔서 제가 직접 말씀드리는 것이고, 실시간 녹취되고 있다고 하면 놀라셨다. 쉬운 언어라고 해서 어렵게 찾을 필요 없다. 그냥 초등학생에게 설명한다고 생각하면 부담도 없고 너무 쉽다.

《한마디면 충분하다》의 장문정 작가는 소비자가 쓰는 말을 배우라고 알려주고 있다.

"'알기 쉽게 풀어서 설명하자면'이라는 말은 고객을 배려 및 존중하는 좋은 표현이다. 이 눈높이 멘트를 들으면 고객은 설명을 들을 준비를 한다. 우리는 상품 설명에서 '친절한 ○○ 씨'로 불려야 한다. 고객이 지금 당신의 말에 고개를 끄덕이고 있을지라도 실은 알아듣지 못할 수도 있다.

음식은 소화가 돼야 의미가 있다. 말은 상대의 머릿속에 녹아들어야 의미가 있다. 잊지 말 것, 고객은 납득하기 전엔 절대 지갑을 열지 않는다."

《세일즈, 말부터 바꿔라》의 황현진 작가도 이렇게 말했다.

"세일즈의 언어는 무조건 쉬워야 한다. 절대 고객이 당신만큼 많이 알고 있을 거라고 짐작하면 안 된다. 가능하면 쉬운 용어를 골라 설명하라. 고객에게 상품과 서비스의 정확한 용어를 가르쳐 외우게 만드는 것이 중요한 게 아니다. 그저 조금이라도 더 쉽게 이해하여 선택하게끔 만드는 것이 더욱더 중요하다."

정말 공감이 많이 됐다. '알기 쉽게 풀어서 설명하자면' 이런 멘트를 썼을 때 고객들은 마음의 안정을 찾는다는 느낌을 많이 받았다. 들을 귀가 열려 있다는 느낌을 받았다. 고객이 존중받고 있다는 느낌을 받은 것이다. TM은 어려운 전문 용어를 쓸 필요가 전혀 없다. 고상한 단어 또한 필요 없다. 무조건 쉬운 언어로 천천히 눈높이를 맞추는 멘트로 노력했더니 쉽게 이해하셨다. 이해했을 때 고객들은 지갑을 열었다. 소비자가 쓰는 말을 배워라. 쉬운 언어로 말하면, 계약을 쉽게 많이 할 수 있다.

때로는 단점을 설명하라

5년 전 〈아시아타임즈〉 기사에서 'TM 통한 보험상품 가입 유의사항'에 대해 읽은 적 있다. 내가 하는 업무라 더 관심이 가게 됐고 어떤 내용일까 궁금해서였다. 전화로 보험 가입 권유를 받을 때는 상품의 장단점에 대한 설명을 끝까지 듣고, 가입 여부를 결정하는 것이 필요하다는 것이다. 이때 상품 설명 속도가 너무 빠르거나 목소리가 잘 들리지 않으면 천천히 크게 말해달라고 요청할 수도 있다는 내용이었다.

사실 TM은 보험 권유부터 보험 계약 체결을 위한 청약 절차까지 모두 전화로 이루어진다. 그래서 상담원들은 이른 시간 안에 모든 것을 해결해야 하므로 설명 속도도 굉장히 빠르고, 상품의 장점에 대해서만 계속 부각한다. 그래서 대면으로 계약하는 청약에 비해 청약 철회율도 높고 유지율이 많이 떨어진다. 물론 정확하게 장단점을 이야기해서 가입해도 TM 상품은 무조건 안 좋다며 해약시키고 가입하게 하는 대면 설계사도 많긴 하다. 제대로 알지도 못하면서 고객을 손해 보게 하고, 새로 가입시키는 설계사는 정말 나쁘다.

유병자 보험을 판매할 때였다. 유병자 보험은 말 그대로 병력이 있는 분들을 위한 보험이다. 반대는 표준체, 일반체라고 한다. 당연히 건강할 때 보험 가입을 하게 되면 위험부담이 적어서 같은 보장이더라도 보험료가 싸다. 유병자는 보험료도 비싸고, 고지해야 하는 건강 질문도 몇 가지 안 된다. 그런데 나는 고객분이 건강체인지, 유병자인지 확인도 안 하고 유병자형을 가입시켰다. 내 생각에 표준체보다 유병자가 보장내용 범위도 넓고 좋았기 때문이다. 당연히 보험료가 더 비싸다는 말을 했어야 했는데 그냥 지나쳤다.

전화로 계약된 보험은 모두 '해피콜' 전화가 나갔다. 해피콜은 보험사가 신규 가입한 계약자에게 보험 보장내용 중요사항을 재확인하는 절차다. 해피콜을 할 때 고객이 가입해준 담당자를 찾았다. 전화해보니 왜 나는 병력이 없는데, 유병자형을 가입시켜 줬냐는 것이다. 나는 사실대로 말씀드렸다.

고객이 원하는 보장 특약은 유병자 상품에만 있었다. 그래서 가입을 권해드렸고, 연령대가 젊으셔서 크게 보험료 차이가 없어 넣어드렸다. 보험료 차이가 작더라도 비싸다는 말씀을 정확히 드렸어야 했는데, 미처 말씀드리지 못해 너무 죄송하다고 말씀드렸다. 고객은 알겠다고 하시며 전화를 끊으셨지만, 나는 그 이후 꼭 고객에게 단점도 정확하게 말씀을 드리고 계약했다. 필요하고 니즈가 있다면 고객은 계약을 곧잘 했다.

상품의 단점 또한 정확히 안내하려면 내가 팔고자 하는 상품을 제대로 알아야 한다. 어영부영 알고 있으면 이도 저도 아닌 것이 되어버린다. 어떤 상품이든 장단점은 있기 마련이다. 갱신형 암보험을 팔면 고객들은 장점을 아무리 이야기해도 갱신형이어서 싫다는 말씀을 많이 하셨다. 이럴 때는 먼저 단점이라고 생각하는 것을 이야기해주고 그다음에 장점을 설명하는 것이 고객을 이해시키는 데 훨씬 유리하다.

"고객님, 이 암보험은 10년마다 보험료가 오르는 갱신형이긴 한데요. 어떤 암은 보장되고, 어떤 암은 보장 안 되는 것 없이 한국 표준 질병 사유 분류에 암이라고 진단받으시면, 진단금을 바로 보장받으실 수 있으세요. 주변에 친구분들 보시면 암 진단받고 신종 암이라고 해서 보장 못 받았다는 소리 한 번쯤은 들어보셨을 거예요. 암보험은 한번 들으실 때 제대로 된 보장을 넣어놓으시는 게 좋아요. 그리고 갱신형이라고 하더라도 암 진단을 받으시면 초기든 상관없이 보험료 안 내는 납입 면제 기능까지 들어가 있어서 보험료 부담도 적고 유지하시기 어렵지 않으실 거예요."

이렇게 상품 설명을 해드릴 때 먼저 단점을 말씀드리고, 후에 장점을 이야기하는 것이 훨씬 계약률이 높았다. 갱신형 상품이 무조건 나쁜 것만은 아니다. 보험은 가입도 중요하지만, 유지가 생명이다. 유지 못하면 아무 의미가 없다. 그야말로 보험사만 돈 벌어가는 것이다. 실제 보험료가 높으신 분들은 유지율이 15%도 안 된다.

물론 고객님들이 건강해서 보장을 안 받는 것이 가장 좋다. 그런데 사람 일은 누구도 예측할 수 없는 것이고, 우리나라는 의료보험이 너무 잘되어 있다. 주로 건강검진 받다가 발견되는 분들 때문에 암 진단율이 급격히 올라간 것도 사실이다. 내 고객 중에도 암보험료를 월 3만 원씩 6개월간 내고 암 진단을 받으신 분이 계셨다.

회사 건강검진차 내원해서 내시경 하다가 암이 발견됐다고 하셨다. 워낙 초기라 2박 3일 입원해서 종양 제거하고 끝났단다.

항암 치료도 필요 없고, 정기적으로 검사만 잘 받아보라고 하셨다고 했다. 그래도 진단자금을 받을 수 있냐고 물으셔서 원래는 6,000만 원이 나가야 하는데, 암은 감액 기간이 있어서 3,000만 원 나간다고 말씀드렸다. 10년 넘도록 납입한 월 20만 원짜리 다른 보험은 문의했더니 1,000만 원을 안내받았다고 하셨다.

갱신형은 보험료가 저렴하고 보험료 오르는 부담감은 있지만, 보장받을 때는 이런 경우들이 정말 많아서 갱신형, 비갱신형 나눠서 보장을 가입하는 것이 가장 효과적이다. 단점이 장점이 될 수 있다는 것이다. 보험은 절대로 고객이 부담스럽게 가입시키면 안 된다. 금액을 추가해도 고객이 크게 부담 없는 금액으로 가입하게 해야 유지가 잘된다. 보장 내용을 다 짚어 드리고, 고객이 스스로 결정하도록 하는 것 또한 유지율이 정말 높다. 보험의 최대 단점은 중간에 납입하면 손해를 보는 것이다. 내 실적을 맞추려고 무조건 비싼 보험료를 권하는 것은 절대 해서는 안 된다. 내 돈이 소중하면 고객 돈도 소중한 법이다.

보험상품을 팔다 보면 나도 모르게 흥분할 때가 있다. 정말 좋은 상품이라고 생각했을 때 더 그런 것 같았다. 한번은 상품에 대해서 열심히 좋은 점을 안내하는데 듣고 있는 고객이 한마디 했다.
"저기요. 엄청 좋은 것처럼 이야기하시는데, 단점 좀 이야기해봐요."

순간 번뜩했다. '내가 너무 오버해서 설명했나?' 다시 정신을
차리고 당당하게 대답했다.

"보험이니까 중간에 해약하면 당연히 손해 봅니다. 그리고 기
간에 따라 보험료 오르는 갱신형이고요. 아, 납입 기간 끝났는
데 건강하셔서 보장 못 받으시면 돌려드리는 금액은 전혀 없습
니다. 이것 말고는 없는 것 같아요. 유지만 잘해주시면 보장받을
때 이래서 안 해주고, 저래서 안 해주는 그런 보험 아닙니다. 녹
취가 다 되고 있는 거라 믿고 가입해주시면 장점이 훨씬 많은 상
품입니다."

고객이 단점이 뭐냐고 질문을 했을 때 당황하고 우물쭈물했다
면 이 고객에게 계약하지 못했을 것이다. 당당하고, 정확하게 때
로는 단점도 자신 있게 이야기해주면 되는 것이다. 고객이 똑같
은 상품을 안내받아도 상담원의 당당함과 열정으로 가입해주는
경우도 정말 많았다. '이것을 이야기하면 고객들은 가입 안 하겠
지?' 이런 생각은 절대 갖지 말아야 한다. 때로는 단점을 정확하
게 이야기해주면, 고객이 오히려 고개를 끄덕끄덕하시며 공감해
주셨던 경험이 훨씬 많았다.

텔레마케팅은 같은 말을 하는데도 어떤 마음가짐을 가지고 하는지에 따라 효과가 정말 많이 달라진다. 최대한 고객의 입장을 이해하고 노력하며 대화를 이끌어 나가야 한다. 믿어줘야 한다. 내가 고객을 믿고 상담을 시작하게 되면 고객도 나를 믿게 된다. 내가 좋은 사람이면 고객도 좋은 사람일 확률이 정말 높았다. 그렇게 서로 신뢰가 될 때 자신감 있게 상담이 가능한 것이다. 그 사람에게 신뢰가 되면 단점도 자신 있게 이야기할 수가 있다.

고객은 내가 생각하는 것보다 더 똑똑하고 예리하다. 잔머리 굴리는 사람, 이기적인 사람, 다 안다. 반대로 나를 좋아해주는 사람, 나를 존중해주는 사람, 나를 신뢰해주는 사람도 다 안다. 가장 중요한 것은 나다. 진심은 통한다. 내가 진심으로 대하면 고객도 나를 진심으로 대해준다. 진심이 통할 때 어떤 상담을 해도 고객은 나를 믿어주고 가입해준다. 단점을 자신 있게 말하려면 상품에 대한 정확한 내용도 중요하지만, 고객과의 신뢰가 최우선이라고 말해주고 싶다.

비유는 고객에게 핵심 메시지를
새기게 하는 끝판왕이다

전화로 보험을 판매하다 보면 적절한 비유를 써야 한다. 비유를 쓰지 않고 설명만 하면 고객 스스로 복잡한 내용을 처리하는 스트레스를 받을 수 있다. 반면 적절한 비유는 고객의 생각을 쉽게 정리해준다. 고객에게 비유를 섞어서 설명하기 시작한다면 업무 성과는 반드시 오른다. 내가 이미 이 효과를 많이 경험했다. 비유의 힘은 강력했다.

고객이 반론을 했을 때 비유를 적절하게 써서 계약한 사례를 공유하고자 한다. 한번은 암보험을 설명하고 클로징을 할 때 고객은 암보험이 있다며 필요 없다고 하셨다.

"고객님 당연히 있으시죠. 없으실까 봐 연락을 드린 것은 아니고요. 요즘에는 고객님도 아시겠지만, 암환자분들이 너무 많잖아요. 암 발병률이 높긴 한데 최근 의료기술도 발전하고 또 좋은 치료약들이 많아서 조기에 치료받으시면 완치도 가능하거든요. 그런데 문제는 이런 최신 의료기법들은 건강보험 적용이 안 되는 경우가 많아요. 2세대, 3세대 최신 항암제라고 하는 표적이나 면역항암제의 경우에는 1년 약값만 4,000만 원 이상이 든다고 합니다."

"고기도 먹어본 사람들이 먹듯이 보험도 하시는 분들이 또 하기 때문에 기존에 가지고 있는 진단비랑 100% 중복 보장도 가능하세요. 진단자금 외에 꼭 필요한 새로운 치료비까지 보장 가능하셔서 진단비, 치료비, 생활비까지 더욱 현명한 선택을 하실 수 있으실 거예요."

"다른 데서는 보험 가입하면 선물도 주고 하던데 뭐 주는 것 있나요?"

"시계의 본질은 정확한 시간을 안내해주는 것입니다. 보험은 보장 내용이 가장 중요하지 않을까요? 당연히 원하시면 보험법에 어긋나지 않는 선에서 선물은 보내드립니다. 그런데 이 보험은 시중에서 찾아보기 정말 어려운 상품입니다. 정보도 돈이라고 합니다. 기회는 계속 오는 게 아니기 때문에 내용이 좋다고 여기시면 우선 가입해서 심사 한번 받아보세요. 잠깐 기분 좋은 선물도 중요하지만, 고객님께서 평생 유지 잘하실 수 있게끔 최선을 다해서 관리해드리겠습니다. 언제든지 궁금한 것 있으시면 찾아주시면 됩니다. 제가 권했던 상품을 선택하길 정말 잘했다고 하실 것입니다."

"주변에서 전화로는 보험 가입하지 말라고 하던데요."

"어떤 좋은 건강식품도 내 몸에 맞지 않으면 오히려 독이 될 수 있다고 합니다. 물론 주변의 조언도 중요하지만, 고객님의 판단이 가장 중요합니다. 그 말씀하신 분이 직접 전화로 가입해본 경험이 있는 분이실까요? 아니면 단순히 선입견으로 말씀하시는 것일까요? 오히려 전문가들도 보험하고 보증은 지인 통해서 하지 말라고 합니다. 물어볼 것 제대로 물어보고 꼼꼼히 따져보시고 하는 게 가장 중요하세요. 그분이 고객님 아프시면 보장해주는 것 아니잖아요? 고객님이 마음에 드시면 바로 결정하시면 됩니다. 어차피 안 하실 거라면 상관없는데요. 하실 건데 미루면 고객님 손해세요. 보장 기간만 늦춰지거든요. 전부 녹취가 되는 거라 믿고 가입해놓으시면 저한테 정말 고맙다고 말씀하실 거예요."

"다 옳은 말이긴 한데 여유가 없어서요."

"갑자기 전화를 받아서 바로 결정하는 게 쉽지는 않으실 거예요. 시작할 때는 부담스럽지만 막상 보장받으면 잘했다고 생각하듯이 고민만 하면 보장 기간만 늦어지는 거예요. 한두 달은 안 나가던 금액이 나가기 때문에 부담되실 수 있으세요. 그런데 서너 달쯤 되면 보험료는 잊힐 것입니다. 여유가 없다는 것은 정말 겸손의 말씀이신 것 같아요. 여유가 있어서 보험 가입하시는 분들은 거의 없으세요. 생각해보세요. 살아가시면서 내가 여유 있다고 생각한 적이 있으실까요? 저는 없었거든요. 여유라는 것은 고객님이 만들어가시는 거예요. 여유가 있다면 보험은 필요가 없는 것입니다. 정말 여유가 없고 힘드실 때 보장을 제대로 잘 받으시면 영원히 기억에 남으실 거예요. 당장 앞만 보시지 마시고요. 미래를 위해 준비해보세요. 시간이 지나면 분명 잘했다는 생각이 드실 것입니다."

"다 좋은데 보험료가 비싸서 안 할래요."

"싼 가전제품이 오히려 나중에 큰 수리비로 배보다 배꼽이 더 커서요. 이왕이면 비싼 가전제품을 구입하시는 게 좋습니다. 보험도 마찬가지로 싸다고 다 좋은 게 아니에요. 비싸면 그만큼 비싼 값어치를 합니다. 보장 내용이 확연하게 다르세요. 왜 돈을 더 주고 명품을 사고 좋은 차를 타시겠어요. 동일한 것입니다.

보장을 정확히 잘 아셨다면 보험료 비싸다는 말씀은 안 하실 것 같고요. 오히려 내가 가입해서 심사통과가 될지 이 부분을 더 걱정하실 것입니다. 보험료를 싸게 넣어놨다가 부족하다고 또 들면 오히려 비용이 더 많이 늘어나는 경우가 훨씬 많습니다. 한번 넣으실 때 제대로 된 보장으로 넣어놓으시면 든든하실 것입니다."

상담하다 보면 고객들의 반론이 많다. 두렵거나 무서워하지 말자. 내 페이스 그대로 당당하게 차분히 설명해주면 된다. 간혹 고객들이 질문하면 두려워하는 상담원들이 있다. 나 또한 그랬다. 두려움이 크면 당연히 조바심이 커져 조급해진다. 말의 속도도 빨라진다. 알고 있던 내용도 전혀 생각이 나지 않아서 횡설수설하게 된다. 그러다 보면 계약을 놓치게 되는 경우가 많다. 항상 나의 페이스를 유지하는 것 또한 중요하다. 차분히 설명하다 보면 고객들도 잘 경청해서 듣게 된다. 나 또한 상상하면서 쉽게 비유를 들어가며 계약을 할 수 있는 것이다. 비유는 고객에게 핵심 메시지를 새기게 하는 끝판왕이다. '할 수 있다'라는 열정과 나라는 한계만 긋지 않는다면 충분히 성공할 수 있다.

나는 텔레마케팅 일을 하면서 어떻게 하면 계약을 쉽게 잘 할 수 있는지를 신입사원이라든지, 가까운 팀원들에게만 전해줘 왔다. 한 동료는 이 노하우를 너만 알 것이 아니라 책으로 한번 써 볼 것을 권유했다. 예전부터 글을 써보고 싶다는 막연한 생각은 했다. 하지만 생각만 하면 아무것도 할 수 없다는 것을 알았고, 바로 실행하기 위해 어떻게 하면 책을 잘 쓸 수 있을까 서점에 갔다. 책 쓰는 노하우에 대해서 발췌독했다. 인터넷 검색도 틈나 는 대로 했다. 그러던 중 〈한국책쓰기강사양성협회(이하 한책협)〉의 김태광 대표를 알게 됐다.

김태광 대표는 25년 동안 300권의 책을 집필했고, 12년 동안 1,200명이 넘는 지극히 평범한 사람들이 자신의 지식과 경험 스 토리를 책으로 쓰고 행복을 찾게 해주는 최고의 책 쓰기 코치였 다. 최고에게 배우면 최고가 되겠다는 생각에 나도 용기를 내어 책을 쓰기로 결심했다. 그동안에 내가 해왔던 많은 경험과 지식 이 누군가에게 공감이 되고 도움이 된다면 나는 너무 행복할 것 같았다. 글쓰기와 책 출판 관련 특허를 2개 취득한 실력으로 가 르치는 김태광 대표님은 정말 섬세함은 물론이거니와 목숨 걸고 코칭 해주셨다. 한책협의 시스템은 실로 놀라웠다. '성공해서 책 을 쓰는 게 아니라 책을 써야 성공한다'라는 슬로건 아래 누구나 쉽게 책을 쓸 수 있도록 진심 어린 조언을 아끼지 않으셨다. 나 의 인생을 변화시켜주고 책이 세상에 나올 수 있었던 것은 김태 광 대표님 덕분이다. 다시 한번 감사를 드린다. 나만의 책을 쓰고 싶었는데 그동안 망설이는 분들이 있었다면, 한책협의 김태광 대표를 무조건 추천하고 싶다.

《20대, 나만의 무대를 세워라》의 저자 유수연은 이렇게 말했다.

"공부가 아니더라도 무엇이 되었든 2년만 죽었다 생각하고 올인하면 대부분 원하는 것을 얻을 수 있다. (중략) 내가 말하는 2년은 그 어떤 핑계도 동반하지 않는 2년이다. 적어도 2년은 흐트러지지 않고 한결같이 몰두해야 제대로 된 30대를 시작할 수 있다. 화려한 30대를 살고 싶다면 초라한 20대의 모습을 30대까지 연장하고 싶지 않다면 이거 해서 뭐 하나 또는 해도 안 된다는 등의 맥 빠지는 생각일랑 집어치우고 딱 2년만 죽었다는 마음으로 치열하게 살아야 한다."

유수연은 자신에게 있어 한계는 없다고 말한다. 한계가 없다고 믿기 때문에 누구보다도 치열하게 살 수 있는 것이다. 그녀는 "오늘을 다시 살라고 해도 이보다 더 열심히 살 수 없다"라는 말을 당당하게 할 수 있을 만큼 하루하루를 최선을 다해 살고 있다. 자신의 분야에서 최고가 될 수 있었던 것은 스스로 한계를 긋지 않았기 때문이다. 무엇보다 한계라는 틀에서 벗어날 때 후회 없는 인생을 살 수 있는 것이다.

항상 고객에게 배워라

　불만을 토해내는 고객을 만났을 때 너무 괴롭고 짜증났던 적 있었다. 그러나 그들은 우리 회사의 서비스 품질을 높여주는 감사한 고객이기도 하다. 왜일까? 고객의 불만에 진심으로 귀 기울일 때 우리 회사의 서비스 품질 개선이 가능해질 테니까.

　세상에서 들도 보도 못한 육두문자를 써가면서 화가 잔뜩 난 고객을 만났다. 나는 단지 "여보세요"라고 인사하고 소속을 밝힌 것밖에는 없는데 말이다. 그분은 있는 보험도 전부 다 해약하고 싶다고 하셨다. 해약하면 전화 안 오는 것 아니냐면서. 하루에도 수십 번씩 돌아가면서 전화하면 나는 어떻게 일하냐고 진짜 너무한 것 아니냐고 하셨다. 사실 이런 이야기를 들을 때마다 정말 민망하다. 죄송하다는 말밖에는 드릴 말씀이 없었다. 속으로는 회사 욕을 잔뜩 했다.

상담원이 전화했다면 어느 정도의 기간은 지나고 다른 상담원에게 배정이 되어야 하는데 그 기간이 너무 짧아서 생기는 민원이다. 나는 한때는 고객들이 "또 전화했어요?" 하면서 한숨을 쉬시면 나도 똑같이 "그러게 말이에요. 계속 전화하라고 하네요" 하고 대답한 적도 있었다. 고객 중에는 상담원 잘못이 뭐가 있겠냐면서 다독여 주시는 분들도 있었다. 나도 갈수록 회사에 대한 불만이 커져갔다. 내가 돈을 버는 것도 중요했지만 고객들이 너무 안쓰러웠다.

회사에 계속 요청했다. DB 피로도가 너무 떨어진다고 말이다. 이런 불만 고객들이 너무 많아지다 보니 회사에서도 빠르게 개선하려고 노력했다. 고객의 불만은 또 다른 관심의 표현이다. 나는 이런 고객들이 참 고맙다. 오히려 정말 많이 배웠다. 이렇게 고객이 말씀해주지 않고 뚝뚝 끊어버리거나 아예 전화를 받지 않는다면 회사에서도 개선하지 않았을 것이다. 이 고객을 보면서 나도 달라졌다. 마케팅으로 전화가 오면 예전에는 아예 전화를 받지 않았었지만, 지금은 전화를 받고 정중하게 거절 표현을 한다. 불만이 있으면 조곤조곤 이야기도 해준다. 서로가 편한 방법이다.

영화 〈대부〉에 이런 말이 나온다.

'친구들과는 가까이 지내고 적과는 더욱 가까이 지내라'

마이크로소프트사의 창업자 빌 게이츠(Bill Gates)도 "가장 불만에 가득 찬 고객은 가장 위대한 배움의 원천이다"라고 말한 바 있다. 고객도 마찬가지다. 까다로운 고객이야말로 서비스 품질을 높여주는 고마운 고객이라는 점을 다시 한번 확인하는 좋은 시간이 됐다.

전화할 때마다 바쁜 고객이 있었다. 그분은 나중에 전화하라는 말만 하시고 뚝뚝 끊으셨다. 그런데 하루는 통화 연결이 됐다. 나는 고객에게 여쭤봤다. 고객님은 주부셨는데 혹시 직장에 들어가신 거냐고. 고객은 "집에 아픈 환자가 있어서 제가 너무 정신이 없어요" 하셨다. 이야기를 들어보니 치매 걸린 엄마를 모시고 있었다. 요양원에서도 몇 번 퇴짜를 받으셨다고 했다. 오빠가 있는데 새언니 눈치 보느라 엄마를 못 모시고, 딸인 본인이 모시고 있다고 했다. 이제는 증상이 많이 진행되셔서 대소변도 못 가리신다고 했다. 사춘기 자녀들이 있는데 집에서 냄새난다고 짜증만 내서 본인이 너무 힘들다고 하셨다. 죄인으로 살고 있다고 하셨다. 본인이 우울증이 와서 죽을 것 같다고 하셨다. 왜 사람들이 긴 병에 효자 없다고 하는지 이해가 된다면서 말이다. 치매 환자를 집에서 돌본다는 것은 실로 엄청난 것이다. 경험해보지 않으면 이 고충은 아무도 알 수가 없다. 고객에게 너무 대단하시다고 말씀드렸다. 그러자 고객은 이렇게 말씀하셨다.

"엄마가 없었으면 나는 이 세상에 없었잖아요. 어떻게 힘들다고 사람을 버려요. 엄마만 편하시다면 내가 잠깐 힘들고 말죠. 부모님 건강하실 때 자주 찾아뵙는 게 효도예요. 내가 여유 있을 때 찾아뵈어야지 하면, 부모님은 우리를 기다려 주지 않아요. 저처럼 후회하지 말고 살아 계실 때 효도하세요."

이 고객 이야기를 듣다 보니 나는 홀로 계신 아빠 생각이 많이 났다. 엄마가 돌아가시고 아빠는 혼자 계신 지 7년 차다. 사실 아빠한테 나는 늘 최선을 다한다고 생각했다. 직장인이 그것도 자그마치 7년 동안 2주마다 서울에서 고창까지 내려가는 것은 정말 힘들다. 집에 가서도 궁둥이 붙일 시간도 없었다. 아버지가 2주간 드실 밥과 국, 반찬을 해놓고 온다는 것은 여간 쉽지 않다. 마음이 없다면 할 수 없는 일이다.

그런데 아빠가 이 고객분 어머니처럼 저렇게 아프면 나는 할 수 있을까? 내 집에서 기꺼이 모실 수 있을까? 나 자신이 부끄러웠다. '당연히 해야 하는 것 아니야?'라는 답변을 나에게 하지 못했다. 이 고객이 실로 대단했다. 참 많은 생각을 했다. 고객을 통해 부모에 대한 참사랑을 배웠다. 지금보다 더 아빠에게 효도하리라 하고 말이다. 그 이후로도 마음 나눌 사람이 없어서 외롭다고 하신 말씀이 생각나 고객에게 자주 전화했다. 사람은 마음을 나눠야 사는 법인가 보다. 나날이 밝아지고 좋아지셨다. 말동무해줘서 고맙다고 하셨다. 이럴 때 내가 하는 일이 참 좋았다.

보험 일을 하다 보면 청구권 문의도 많이 들어온다. 내 고객 중에 우수고객이 계셨다. 납입하는 보험료도 크셨고, 가족 건 계약도 많았다. 고객이 전화한 이유는 뇌출혈 진단금이 들어가 있냐는 문의였다. 손주들이 방학해서 고객님이 잠깐잠깐 봐주신다고 했다. 그런데 아이들 오후 간식을 차려주는데 갑자기 정신을 잃고 쓰러졌다고 하셨다. 일어나 보니 병원이었는데 다행히 손녀가 쓰러진 할머니를 보고 119에 신고했단다. 지금은 수술도 잘됐고, 이렇게 전화하는 것 보면 기적이라며 잔잔한 웃음을 지으셨다.

진단자금은 고액 보장으로 나갔다. 워낙에 보험을 좋아하시는 분이셔서 많이 넣어놓은 것도 있었다. 보상 청구 안내를 도와드리고 인사드리려 하는데 이런 말씀을 하셨다.

"젊을 때 돈 버느라 나는 건강을 못 챙겼어요. 평생 건강할 줄만 알았어요. 돈 벌려고 잠도 3~4시간만 자고 일했어요. 나이

들고 경제적 자유인은 됐는데 가장 큰 건강을 잃었어요. 회복 단계에 있지만 재발 안 하려고 건강에 돈을 쏟아붓고 있어요. 돈도 중요하지만 내 건강은 내가 지켜야 해요. 건강 꼭 챙겨가면서 일하세요."

그렇다. 건강은 한번 잃으면 회복하기가 힘들다. 한 번 더 고객을 통해서 건강의 중요성을 배우게 됐다. 건강한 내 모습에 감사했다. 건강할 때 관리해야 하는 것이다. 나는 나름 건강을 잘 챙긴다 생각했지만, 고객의 마지막 말이 가슴에 꽂혔다. 건강이 재산이라는 말이 있다. 살이 되고 피가 되는 말씀이었다. 나를 더 사랑해주고 내 건강 잘 지켜보리라 다짐했다. 스트레스는 최대한 안 받으려고 했다. 어차피 해야 하는 일이라면 즐겨보자고 다짐했다. 감사하는 마음은 기쁨을 준다. 덕분에 계약도 잘 나왔다.

혹시 심근경색증과 급성 심근경색증의 차이를 들어 본 적 있는가? 생명보험사에 보장 담보 중 급성 심근경색증 진단비를 넣으면 심근경색증은 보장이 안 된다. 귀에 걸면 귀걸이, 코에 걸면 코걸이 같다고 할 것이다. 나도 사실 수없이 판매는 했지만, 심장으로 가는 혈관이 막히는 것은 급성 심근경색증만 있는 줄 알았다. 그런데 고객이 보상 청구 문의를 하는데, 심근경색은 왜 보장을 안 해주냐면서 화가 잔뜩 나 있었다. 당연했다. 말장난하는 것도 아니고 나도 왜 이렇게 보상을 해주는지 이해가 안 됐다.

인터넷을 찾아보니 심근경색은 관상동맥에 혈전이 생기거나, 관상동맥경화증 때문에 순환장애를 일으켜 발작성으로 쇼크 상태가 되는 심장질환이라 하고, 급성 심근경색증은 심장의 근육에 혈액을 공급하는 관상동맥이 여러 가지 원인에 의해 갑자기 막혀서 심근에 괴사(썩음)가 일어나는 질환이라고 되어 있었다. 나는 아무리 읽어봐도 비슷한 것 같았다. 이 일을 하고 있지만 내가 고객이라도 보험사를 찾아가서 가만 안 뒀을 것 같았다. 나는 내가 정확하게 알지 못하는 것은 판매를 잘 못 했다. 그래서 이 고객으로 인해서 또 배웠다.

웬만하면 보험료가 비싸더라도 보험사에서 약관상 보장범위가 가장 넓은 심혈관질환으로 진단비를 넣어줬다. 뇌혈관질환도 마찬가지였다. 보험은 아팠을 때 보장을 제대로 받으려고 가입을 하는 것이다. 무조건 저렴하게만 가입시키지 말고 보험료가 다소 높더라도 설계할 때 꼭 뇌혈관질환, 심혈관질환 진단비로 보장을 넣어줄 것을 알려주고 싶다.

텔레마케터는 항상 고객에게 배워야 한다. 고객의 기대, 고객의 희망, 고객의 문제, 고객의 고통, 고객으로부터 배운다는 행동 원칙은 습관이 되어야 한다. 지속해서 탁월한 성과를 달성하고 있다면, 이는 고객을 제대로 이해하고 고객의 욕구를 충족하는 상품을 제공하고 있기 때문이다. 즉 고객가치를 제대로 제공하고 있는 것이다.

초심을 잃으면 고객은 떠난다

장문정 작가의 《팔지 마라. 사게 하라》에서 "기본을 잃으면 고객은 떠나간다. 그런데 그 기본이라는 것은 늘 자기 자신을 돌아보지 않으면 쉽게 잃기 십상이다"라는 구절이 있다.

우리는 종종 너무 기본적인 것들을 놓치곤 한다. 고객들은 갈수록 더욱 똑똑해지고 스마트해져서 본인의 권리를 더 열심히 챙기고 있다. 그 눈높이를 채우지 못한다면 고객은 뒤도 안 돌아보고 떠난다. 무엇보다 고객을 존중해주고, 고객의 요구에 귀를 기울여야 한다. 초심을 잃지 않는 것이 텔레마케팅의 기본이라고 할 수 있다.

처음 텔레마케팅을 시작할 때는 누구나 그랬듯이 나 또한 열정이 넘쳤다. 늘 고객 입장에서 존중하고 배려하는 마음이 컸다. 그런데 일에 익숙해지다 보니 고객의 소중함은 점점 잊어가고 나의 실적에 더 관심이 커졌다. 설명만 듣고 계약을 안 하는 고객도 너무 얄미웠고, 물어볼 것 다 물어보고 지인이 있다며 그분한테 다시 한번 확인하고 가입하겠다는 분도 있었다. 어떤 분은 할 것처럼 하더니 약만 잔뜩 올리고 끊는 분도 있었다. 처음에는 이런 고객들도 내 말을 들어주는 것에 감사했다. 이분들을 통해 나 또한 배운다고 생각했기 때문이다.

점점 시간이 흐르자 나는 고객이 어떤 반론을 해도 답을 할 수 있을 만큼 보험에는 전문가가 되어갔다. 하지만 내가 설명한 것에 고객이 토를 달거나 본인 말이 맞는다고 이야기하면 나는 내 말이 맞는다며 우기기도 했다. 내 말을 잘 들으려 하지 않고 본인 말만 쉬지 않고 하는 고객은 말을 딱 잘랐다.

"고객님, 어떻게 상담원보다 말씀이 더 많으세요" 하고 말이다. 너무 교만하기 짝이 없었다. 그래도 늘 해오던 일이라 실적은 좋았다. 그런데 예전처럼 일이 즐겁지 않았고 보람도 적었다. 고객이 단순히 돈 버는 기계로밖에 안 보였다. 빨리 끝내고 퇴근하고 싶은 생각뿐이었다.

어느 날 고객에게 전화가 왔다. 상담을 해줬던 고객이었는데 생각해보고 전화 주겠다고 했던 고객이었다. "그때 설명해줬던 거 다시 한번 설명해주시겠어요?" 하셔서 정확하게 안내해드리고 가입도 했다. 그런데 며칠 후 고객 관리 차 유지 내역을 보는데, 고객이 첫 달 보험료를 내고 해약을 한 것을 봤다. 나는 고객에게 전화해서 물었다.

"고객님. 고객님이 직접 가입해달라고 해서 재설명을 다 해드리고 정확히 가입을 해드렸는데 왜 해약하셨어요?"

"죄송해요. 제가 아는 분이 보험사 다니는 것은 알고 있었는데 같은 회사에 근무하고 있더라고요. 그래서 이왕 하는 거 친구한테 해주면 좋을 것 같아서 거기다가 넣었어요."

예전 같으면 어쩔 수 없다고 생각해서 속상해도 잘하셨다고 칭찬을 해드렸다. 그리고 나중에 좋은 상품이 나오면 다시 인사드린다며 그때는 저한테 가입을 꼭 해달라고 좋게 끝냈다. 그런데 이날 나는 고객에게 윽박질렀다. 어떻게 이럴 수 있냐면서 말이다. 그 친구분도 추가로 더 하면 될 것을 왜 다른 상담원이 가입한 것을 해약시켜서 손해 보게 하고, 본인 이익을 챙기시냐고 말이다. 그후 이 고객은 보험을 전부 다 해약하셨다. 아예 이 회사를 떠나고 싶다면서 말이다.

충분히 잘 넘어갈 수 있는 부분이었는데, 아주 기본적인 초심을 잃어서 나는 소중한 고객을 잃어버렸다. 고객 중심이 우선이어야 한다고 말했던 나는 어디 가고, 내 실적에 생채기를 낸 것에 화가 나 있었다. 이 고객뿐만이 아니라 초심을 잃어서 고객을 잃은 사례는 더 있었다. 그중에서 기억나는 것 한 가지만 더 공유해보려고 한다.

암보험은 보험을 여러 번 가입해본 사람이라면 면책기간과 감액기간이 있다는 것을 알 것이다. 면책기간이라는 것은 보험을 가입하고 회사에서 정한 기간이 지나야 보장개시가 된다는 것이고, 감액기간은 그 기간 안에 진단을 받으면 진단자금의 50%만 보장이 나간다는 것이다. 역선택을 방지하기 위한 것이라고 했다. 하루는 암보험을 가입했던 고객에게 전화가 와서 내가 암보험을 가입해준 것은 가입하자마자 바로 100% 보장된다고 했다는 것이다. 왜 거짓말을 했냐며 막무가내셨다. 나는 막무가내로 화내시는 고객을 다독이기는커녕 녹취 내용을 들어보면 되는 것 아니냐며 다그쳤다.

텔레마케팅은 모든 통화 내용이 녹취된다. 고객이 혹시라도 민원을 요청하면 녹취 내용을 다 들어볼 수가 있다. 녹취 내용을 들어보니 나는 정확히 안내한 것이 맞았고, 고객도 정확히 인지

하고 가입한 것이 맞았다. 고객도 녹취를 들어보시더니 본인이 착각한 것임을 인지하고 사과했다. 나는 통화가 끝나고 내 말이 맞았다는 것에 통쾌했다. 하지만 그 이후로 고객과 나는 서먹서먹한 사이가 됐고, 추후 고객은 내 전화를 수신 거부했다.

'고객을 이기면 고객을 잃는다'라는 큰 깨달음을 얻었다. 이 이후로 나는 고객을 절대 이기려고 하지 않았고, 고객이 어떤 말도 안 되는 소리를 해도 먼저 수긍해주고 나서 차분히 내 말을 전달했다. 이게 이 자리에서 내가 성공할 수 있었던 영업 비결이기도 하다. 어떤 일이 있더라도 절대 고객과는 싸워서는 안 된다. 우리의 목적은 당장 이기는 것이 아니라 오랜 시간 고객의 사랑을 확보해야 한다는 것을 기억했으면 좋겠다.

초심을 다른 우리말로 표현하면 첫 마음이다. 초심의 중요성을 모르는 사람은 없겠지만 이를 잘 지키고 살아가는 것은 절대 쉽지 않다. "초심으로 돌아가자. 초심을 잃지 말라"는 문장들은 매우 흔하고 익숙하다. 그러나 날마다 초심으로 하루를 살아가는 사람은 많지 않을 것이다. 만약 프로 선수들이 익숙하다며 오만하게 기초 체력 훈련을 하지 않고 새로운 기술만 추구한다면 금방 무너질 것이다.

오늘보다 내일 더 발전된 나를 만들고 싶다면, 익숙함에 속아 초심을 잃지 않아야 한다. 누구나 나태해지는 순간이 오기 마련이고, 모두에게 힘들고 권태로운 순간이 온다. 이때 초심을 잊지 않고 이겨낸 사람이 우리가 우러러보는 진정 성공한 사람이 아닐까?

국민 대다수가 환호하는 박지성 선수나 김연아 선수의 화려함 뒤에는 무너지지 않는 초심과 끊임없는 노력이 있었다. 화려한 성공의 끝에서 처음은 덜 중요해 보일 수 있다. 하지만 초심은 어디서 꺼내 봐도 원동력이 있고, 무엇보다도 강한 동기부여가 된다. 마음을 비우면 모든 일이 쉽다는 것을 가슴속에 새겼으면 좋겠다.

마지막으로 정우현 미스터피자 회장이 쓴 《나는 꾼이다》에서 가슴에 와 닿았던 부분을 소개하고자 한다.

"꽃이 피기까진 긴 겨울이 필요하다. 겨울의 찬바람과 눈보라를 모두 이겨내고 나서야 마침내 꽃은 활짝 핀다. 그러나 꽃은 피는 순간부터 지기 시작한다. 자연의 꽃은 순리에 따라 지지만 인생에 있어서의 꽃은 초심을 잃기 때문에 진다. 자신감이 오만으로 변질될 때 위기가 찾아온다."

'초심을 잃지 않으면 끝도 좋다'라는 말도 있다. 항상 반복되는 일, 익숙해지는 일에서 우리가 처음 이 일을 시작했을 때의 첫 마음을 한 번 더 되새겨 보자. 초심만 잃지 않는다면 우리는 어떤 고객을 만나도 잃지 않을 것이다. 고객을 배려하는 마음, 존중하는 마음, 감사하는 마음 또한 변하지 않을 것이다. 덕분에 우리는 계속해서 성장할 수 있을 것이다.

늘 배려하는 자세를 잃지 마라

가와다 오사무(川田修)의 저서 《상대의 마음을 움직이는 힘》에서는 배려의 힘에 대해서 정확히 이야기하고 있다.

"인생을 살다 보면 늘 주위에 사람이 많은 친구가 있고, 불황 속에서도 고속 성장을 하는 회사가 있다. 잘되는 사람들만의 특별한 비법, 도대체 뭘까? 상대의 마음을 움직이는 힘, 바로 배려다. (중략) 사소한 행동일지라도 결국 큰 차이를 만드는 것, 바로 배려의 힘이다."

세월이 흘러도 변하지 않는 원칙이 있다. 모든 일의 99%는 배려다. 우리는 누구나 '나는 늘 배려하고 있다'라고 생각한다. 사실일 수도, 착각일 수도 있다. 왜냐하면 제대로 된 배려는 끝없이 고민하고 훈련해야 하기 때문이다. 일을 하면서 수백 명의 사람을 만나는 저자는 책에 성공한 사람들 특유의 배려법을 기록했다.

언제나 만석인 음식점에서는 사장님의 인사법을, 영업실적이 유독 좋은 영업사원에게서는 부드러운 대화법을, 그리고 성공한 CEO와 경영자에게서는 배려를 위한 마음가짐과 원칙을 배웠다. 남다른 결과를 가져온 그들의 배려를 쉽고 간편하게 내 것으로 만들 수 있다.

텔레마케팅의 영업 현장에서도 배려는 기본이다. 나는 특히나 배려 없는 사람을 극도로 싫어한다. 너무 이기적이고 자기밖에 모르는 그런 사람들은 본인이 배려심이 없다는 것도 모른다. 그런데 아이러니하게도 배려심이 없는 사람들은 불만도 많았다.

내가 볼 때 고객은 상담원을 닮는다. 나는 성격이 굉장히 꼼꼼하다. 그래서 고객들도 정말 꼼꼼하다. 나뿐만 아니라 상담원들이 계약 성립한 고객들을 보면 자신을 참 많이 닮았다. 내가 늘 배려하는 자세를 갖고 있어야 배려해주는 고객을 만난다는 것을 잊지 말자.

어린이 보험을 판매할 때였다. 통원비가 나오는 어린이 보험은 가입과 동시에 전화가 엄청나게 들어왔다. 아이들은 면역력이 약하기 때문에 병원에 자주 갔다. 질병코드만 맞으면 통원할 때마다 내 돈을 쓴 것과 상관없이 정액 일당 통원비가 나가는 내용이었다. 워낙 통원 횟수가 많으면 6개월에 한 번씩, 1년에 한 번씩 보상 청구할 것을 권했다. 한 고객에게서 전화가 왔다. 통원비를 청구해보려 했는데 몇 번을 해봐도 모르겠다고 했다. 원칙상 상담원이 직접 보상 청구를 해줄 수는 없었다. 나는 고객센터로 문의하라고도 할 수 있었지만, 고객센터에 전화해도 답변은 뻔했을 것이다.

직접 보험금 청구서 양식을 출력해서 통화하면서 기재했다. 처음부터 끝까지 잘 설명해드렸고, 병원에 가서도 정확하게 어떤 서류를 떼 와야 하는지 설명했다. 지금은 모바일 청구가 활성화가 됐는데, 그때는 우편 접수, 팩스만 가능했다. 말은 쉬웠지만, 이 고객은 하루에도 여러 번 통화했고 서류 미비로 보상과에서 몇 번 반려를 당해 시간이 꽤 오래 지연됐다.

다행히 보상금은 입금이 잘됐다. 고객에게 전화가 왔다. 나와 통화하기 전까지는 몇 번을 전화해도 청구 예시문만 보내주고 따라서 작성하시면 된다고만 들었다고 했다. 그래서 하다 하다 못하고 보험을 취소하려고 했단다. 그런데 보상받아보니 생각했던 것보다 보상이 너무 크게 잘 나왔다고 했다. 계속 우리 아이가 병원에 갈 때마다 지금처럼 보상이 나오냐고 몇 번을 물으셨다. 그렇다고 했더니 너무 감사하다며 (이분은 제빵 가게를 운영하는 분이셨다) 수제 케이크를 직원들하고 나눠 먹으라고 몇 차례 보내주셨다.

누군가에게는 정말 귀찮은 일이 될 수도 있었다. 사실 나부터도 모든 고객을 이렇게 후처리로 도와드린 적이 많지는 않았다. 그런데 이상하게 이 고객의 간절함이 내 마음을 움직인 것 같다. 일하다 보면 큰 배려가 아니더라도 정말 사소한 것에서 고객은 큰 감동을 하는 것 같다. 내가 손해를 좀 보더라도 고객 입장에서 조금만 관심을 가져보자. 늘 배려하는 마음을 잃지 않는다면 고객도 감동하고, 나 또한 큰 기쁨이 된다.

평소 자주 병원에 다니다 보니까 보험의 필요성을 느낀 고객이 있었다. 보험 가입을 원하셨는데 심사과에서는 치료받았던 의무기록지가 필요했다. 고객에게 말씀드렸더니 지방에 계셨고, 병원은 서울 병원이라 시간 내서 가기가 힘들다고 하셨다. 어떻게 다른 방법이 없냐며 요청하셨다. 당연히 본인이 아니면 병원에서도 서류를 떼 주지 않을 것이라고 생각했다. 하지만 간절한 고객 부탁에 병원 원무과에 전화를 해봤다. 위임장 서류를 작성하고 본인 신분증 복사본이 있으면 가능하다고 했다.

위임장을 팩스로 넣어드렸더니 바로 작성하셔서 신분증과 함께 보내주셨다. 나는 하던 일을 멈추고 택시 타고 병원 원무과에 가서 서류를 받아왔다. 한편으로는 이렇게 고생하면서 서류를 떼왔는데 서류 받고도 반려가 나오면 어떡하나 내심 걱정도 컸다. 고객에게는 미리 말씀을 드려놨다. 그래도 꼭 원했던 분이라 통과되길 간절히 바랐다.

3일 후에 결과가 나왔는데 통과가 되셔서 보험 개시가 됐다. 보장받을 수 있게 된 것이다. 나는 내 일처럼 기뻤다. 고객도 정말 고마워하시고 기뻐하셨다. 안 된다고 쉽게 포기하지 않고 되는 방법을 찾아봤더니 된 것이다. 기존 보험 심사통과가 되고서 이 고객은 나에게만 무려 보험을 3개나 더 가입해주셨다. 너무 감사했다. 배려는 절대 어려운 것이 아니다. 고객의 입장에서 생각해보는 것이다. 고객의 입장에서 하나씩 생각해보면 어떻게 해야 하는지 쉽게 알 수 있었다. 고객의 마음을 움직이는 것은 배려에서 온다는 것을 꼭 기억했으면 좋겠다.

텔레마케터들은 하나같이 말을 잘한다. 말하는 것을 좋아한다. 상품을 안내할 때도 무조건 내 말만 하는 것은 고객에 대한 배려가 아니다. 고객이 잘 듣고 있는지 한 번씩 상담 시에 질문을 해주는 것도 참 좋다. 질문을 하면서 듣는 고객의 대답에는 니즈 확보도 가능할뿐더러 클로징이 된다. 일반적인 통보가 아니라 질문을 하다 보면 서로 대화가 되는 것이다. 말을 많이 하는 것보다 들어주는 것이 고객을 내 편으로 만들 수 있다. 들어주다 보면 고객도 마음을 열고 이야기를 많이 한다. 그럼 공감형성도 되고, 고객은 이미 나를 신뢰하고 있으니 계약은 따 놓은 당상이다.

성공한 사람들은 하나같이 배려심이 큰 사람이다. 일상생활에서 나의 모든 삶이 배려로 가득하다면 우리도 이미 성공한 사람들이다. 배려는 곧 마음이다. 마음을 다해 지금처럼 고객을 응대하고 존중해준다면 고객이 알아서 나를 찾아준다. 나를 찾아주는 고객들이 있어서 지금의 내가 여기 이 자리에 있는 것이다. 늘 고객을 배려하는 자세를 잃지 말자. 지금 있는 이 자리에서 고객을 위해 최선을 다하면 나는 이미 성공한 것이다.

4장

클로징은 이성이고
판매는 감성이고

상품 설명을 이상형 말하듯 하라

누군가에게 나의 이상형에 대해서 말해본 적 있는가?

사춘기 시절, 또래끼리 모여 각자의 이상형이 뭔지 나눠 본 적 있었다. 서로가 바라보는 상은 다 달랐지만, 이상형을 서로 이야기할 때는 모두가 얼굴이 행복했고 흥분에 차 있었던 것 같다. 나 또한 그랬다. 상상만 해도 행복했다. 그때 당시 나의 이상형은 첫째는 하나님을 정말 사랑하는 사람이었고, 두 번째는 강아지를 닮은 귀여운 외모였다. A4용지 한 장 빼곡히 적었던 것 같은데 지금은 기억이 나지 않지만, 그때의 그 감정은 고스란히 느껴진다.

텔레마케팅 일은 정말 하루에도 똑같은 말들을 수없이 반복한다. 상처를 쉽게 받는 사람들은 고객에게 싫은 소리를 들으면 몸이 아파 출근을 못 했다. 육체적으로 힘든 것은 며칠 쉬면 낫는다. 하지만 정신적으로 힘든 것은 정말 오래 간다. 마음이 아프면 몸으로 드러나기 때문에 내 마인드 관리가 정말 중요하다. 정말 이 일을 왜 해야 하는지 사명과 가치를 알지 못하면 이 일처럼 힘든 일이 없다. 전화 요청을 해서 전화 드리는 것이 아니라 일방적으로 전화해서 지갑을 열게 하는 일이니 이 과정을 이겨내기란 여간 쉽지 않았다.

어차피 해야 하는 것이라면 생각을 바꾸면 됐다. 내가 바뀌지 않으면 환경은 절대 바뀌지 않는다. 반대로 내가 바뀌면 모든 것이 바뀐다. 최대한 이 일을 즐겁게 하도록 나는 어떤 상처를 받아도 그것을 곱씹는 것이 아니라 '그럴 수도 있지'라고 넘겼다. 그리고 상품을 설명할 때도 정말 최선을 다했다. 말에는 억양이 있다. 상품 설명할 때도 리듬을 탔다. 중요한 부분은 천천히 강조해가면서 설명했다. 사실 상품이 너무 좋으면 흥분해서 목소리가 커지기도 했다. 이거 안 하면 손해 본다는 마음으로 흥분해서 설명했다.

물론 나의 열정과 정성으로 가입해주는 고객들도 많았지만, 이렇게 설명해도 '너는 떠들어라. 나는 안 한다'라는 고객도 많았다. 좋은 고객이 있으면 마음에 안 드는 고객이 있는 것은 당연한 것이다. 우리가 인생을 살면서도 좋은 일들만 있지는 않다.

그럼 인생이 정말 재미없었을 것이다. 이런 고객 한 명 때문에 다른 고객을 놓쳐서는 안 된다고 말해주고 싶다. 이런 고객들을 통해서도 나는 참 많은 것들을 배웠다. 설명은 들었는데 왜 가입 결정은 못 했는지 나머지 공부도 하게 만들어줬다. 나를 성장시켜준 정말 고마운 고객들이다.

상품이 정말 마음에 들고 고객한테 꼭 필요한 내용이라면 나는 고객이 뭐라고 반론을 하든 어떻게든 가입시켰다. 한번 물면 잘 놓지 않았다. 관심이 있어서 질문한 것이고, 소중한 시간을 내줬다는 생각이 들었기 때문이다. 그래서 이런 고객들은 절대 놓치지 않으려고 나의 이상형을 말하듯이 흥분하며 기쁘게 이야기했다. 이런 나를 보고 고객이 "정말 꼭 필요한 것도 알고 해봐야 하는데 지금은 여유가 없네요"라고 하면, "고객님, 하루 커피 한 잔 값만 아끼시면 충분히 하실 수 있으세요"라고 말했다. "저는 커피 안 마십니다" 하면, "고객님, 그럼 퇴근 후 친구분들하고 술 한 잔만 안 드셔도 하실 수 있으세요"라고 대응했다. 그러자 고객이 "저는 술 담배도 안 합니다" 하시길래 "고객님, 그럼 군것질은 하실 거잖아요"라고 했더니 고객이 호탕하게 웃으셨다.

"그렇죠. 과자랑 아이스크림은 아주 달고 살죠."

"요즘 과자 한 봉지도 엄청 비싸던데요. 고객님 건강을 위해서 군것질 끊고 준비해놓으세요. 꼭 필요한 것은 하기 싫어도 해놓으셔야 해요."

고객은 나의 열정에 감동했다고 하셨다. 다른 상담원들은 이렇게까지 이야기하면 알아서 끊었다고 했다.

"김수경 씨는 보험이 아니라 뭘 해도 잘했을 것 같아요. 제가 처음에 너무 감정 상하게 했죠? 사실 이런 전화가 너무 많이 와서 처음에 퉁명스럽게 툭툭 쏘아댔는데, 끝까지 웃으면서 상담해줘서 감사해요. 좋은 상품도 추천해주셔서 감사해요. 김수경 씨라고 했죠? 제가 꼭 이름 기억해놓고 다음에 또 연락드릴게요."

나 또한 이런 고객의 말을 듣고 너무 감동했다. 자신감이 확솟았다. 나는 힘든 고객을 만날 때도 이런 좋은 고객들을 떠올리면서 다시 힘차게 콜을 시작할 때가 많다. 고객 판단은 내가 하는 것이 아니다. 고객과 통화가 연결되는 동안 최선을 다해서 기쁘게 설명해주면 되는 것이다. 단순히 일을 떠나서 고객에게 이상형을 말하듯이 설명하면 고객 또한 상상하는 것이다. 내 전화를 들어주는 고객은 정말 고마운 분들이다. 그런 고객들에게 최선을 다한다면 고객은 감동한다는 것을 명심하자.

처음 신입 시절에 교육받을 때 외부 강사가 와서 해준 말이 있었는데, 너무 좋은 말이라 공유하고 싶다. 우리가 살아가면서 하기 싫어도 해야 하는 것이 3가지가 있다고 했다. 이 3가지는 하기 싫어도 해놓으면 언젠가는 큰 도움이 된다고 했다. 첫째는 공부, 둘째는 운동, 셋째는 보험이라고 말했다. 정말 공감이 됐다. 공부, 운동, 보험은 처음에는 정말 하기 싫다. 당장에 크게 필요하지 않기 때문이다. 그런데 앞으로 살아가면서 스펙을 위해, 건강을 위해, 나의 든든한 보장을 위해 꼭 필요한 것은 맞았다.

내가 하는 일은 부끄러운 일이 아니다. 엄청난 가치를 부여해주는 일이다. 내가 하는 일에 자신감이 없다면 상담 콜을 내가 이끌어 갈 수가 없다. 나의 이상형을 말할 때는 남의 눈치를 보지 않는다. 내가 중심이 되어서 나의 이상형을 기쁘게 이야기한다. 구체적으로 말이다. 보험도 마찬가지다. 자신감 있고, 기쁘게 구체적으로 설명해줬을 때 아주 효과가 좋았다.

고객이 내 이야기를 잘 들어준다고 해서 내가 전화 건 목적을 잊어서는 또 안 된다. 상품에 대해서 이상형을 말하듯 신나게 설명했는데 클로징을 하지 못한다면 이것은 아무 의미가 없다. 설명하면서도 항상 클로징을 중간중간에 해줘야 한다. 주소로 클로징을 한 번 더 할 수도 있는 것이고, 키와 몸무게를 여쭤보면서 할 수도 있고, 드시는 약이 있는지도 여쭤보면서 수시로 고객을 탐색하는 것 또한 굉장히 중요하다.

실제로 상담을 정말 기가 막히게 잘하는 분이 계셨다. 어쩜 저렇게 지식도 많고 말을 잘할까? 그런데 항상 실적은 상담하는 것에 비하면 너무 저조했다. 고객의 말에 너무 적극적으로 상담원이 따라가고 있었다. 물론 고객 이야기를 들어주는 것은 상담할 때 정말 중요하다. 그러나 너무 고객 말만 들어줘서는 안 된다.

적당히 들어주면서 결론은 내가 이끌고 나가는 것이 좋은 상담이다. 우리가 전화를 건 목적을 항상 잊어서는 안 된다. 목적을 잊어버리는 순간 곧 시간 낭비다. 상담원 자신이 너무 지치게 된다. 고객에게 상품 설명을 이상형을 말하듯 하되 절대 이끌려서는 안 된다. 내가 상담을 주도적으로 이끌어 나가야 한다는 것을 꼭 명심하자.

왜 지금 가입해야 하는지 설명하라

　오랫동안 일하면서 가장 힘든 고객이 어떤 고객이냐고 묻는다면 '결정을 미루는 고객'이라고 말하고 싶다. 고객을 설득시키려고 경청도 해주며 공감도 해주고 여러 방법을 다 썼는데도 결정을 미루는 고객이 있다. 말이 결정을 미루는 거지, 거의 거절이나 다름없었다. 다음에 전화 달라고 해서 드리면 안 받거나 수신거부를 해놓는 경우도 많았다. 생각이 많으면 결정 장애가 오기 마련이다. 더 이상 고객이 결정을 미루지 않도록 원 콜, 원 세일즈를 하기로 마음먹었다.

　암보험은 다른 보험과 다르게 면책 기간이 있다. 다른 보장성 보험들은 가입과 동시에 실시간으로 보장이 들어가는데, 암은 90일이 지나고 보장받는다. 역선택을 막기 위해서라고 한다. 통화하다 보면 암보험은 가입이 안 된 고객이 거의 없다. 한두 개 정도는 다 가지고 있다. 그래도 실상 부족한 금액들이다. 비급여 치료들이 많아짐에 따라 내가 부담해야 하는 금액들이 커졌기 때문이다.

"암보험 있어요."

"고객님, 암보험 없으실까 봐 연락드린 것은 아니고요. 가지고 계신 보장 금액이 적다 보니까 타사에 가지고 계신 거랑 무조건 중복 보장으로 크게 받으시라고 연락드렸습니다. 저렴한 보험료로 크게 보장받으실 수 있는 다이렉트 상품이라 부담도 없으실 거예요."

"생각해볼게요. 다음에 전화주세요."

"고객님, 갑자기 전화를 드려서 당연히 생각은 해보셔야 하는데요. 그런데 일하다 보면 이것만 생각할 수 없기 때문에 전화끊고 나면 금방 또 잊어버리게 되더라고요. 어차피 안 하실 거라면 상관이 없는데요. 암보험은 잠복 기간이 있어서 바로 가입하고 보장이 안 되세요. 90일이 지나야 보장이 되고 2년 전에는 50%, 2년이 지나야 100% 보장받으시는 것이라서 연결되셨을 때 준비해드릴게요."

실제로 암보험에 가입하고 90일이 지나지 않아서 진단받고 보험이 무효가 되는 게 의외로 많다. 나는 그래서 암보험에 가입할 때 건강검진 받을 일이 있으시면 꼭 3개월이 지나고 받아볼 것을 권했다. 물론 아파서 못 참는 경우는 예외다. 암보험은 가입하고 면책기간 전에 진단받으면 내가 낸 보험료는 돌려주고 무효가 된다. 88일, 89일 만에 진단받으셔서 전화 올 때는 정말 너무 안타깝다. 물론 보장받으려고 보험 가입을 하는 것은 아니지만, 그래도 이왕 보험 가입한 것 보장을 받는 것이 낫지 않을까? 그래서 암보험은 중복 보장만 된다면 무조건 조건 맞을 때 넣어놓으면 든든하다.

보장받을 때는 1,000만 원, 2,000만 원이 엄청 다르다고 말씀하셨다. 암은 어떤 암이든 한번 진단받으면 5년 동안 추적 검사를 받아야 한다. 재발 안 되고 건강하시면 너무 좋지만, 전이되고 재발하면 치료비가 어마어마하게 들어가기 때문에 암보험은 사랑하는 가족을 위해서라도 든든하게 넣어 놓으면 좋다. 돈만 있으면 치료가 되는 것이 암이고 생존율도 굉장히 높아졌기 때문이다.

보험사에서는 손해율이 높은 상품들은 금방 단종이 된다. 손해율이 높다는 것은 보험료 납부하는 것에 비해 보상 청구가 높다는 것이다. 이런 상품들은 단종 되기 2~3주 전부터는 절판 판매를 쓸 수가 있다. 간혹 전화 와서 "이 보험은 이번 달이면 끝난다. 더 이상 이 조건으로 가입을 해드릴 수 없다"라고 하면, 과장 광고라든가 거짓말로 들었을지 모른다. 그런데 진짜다. 이달이 지나면 이 조건에 못 한다고 하는 말은 정말 맞는 것이다. 이럴 때 상담원들은 더 열정을 다해서 한 고객도 놓치지 않으려고 노력한다. 이럴 때야말로 왜 지금 가입해야 하는지 정확하고 확실하게 이야기해주면 되는 것이다. 업적을 올릴 수 있는 절호의 찬스다.

상해보험을 판매했을 때였다. 고객이 타사랑 비교 중이라고 하셨다. 내용을 듣긴 들어도 다 비슷한 것 같고 잘 모르겠다고 했다. 고객 말이 맞았다. 보장 내용은 어느 보험사든 비슷하다. 이런 고객들은 상품 보장 내용을 설명하는 것보다 설명은 간단하게 정확한 내용만 짚어주고, 사례를 들어주는 것이 훨씬 좋았다.

"며칠 전에 고객님하고 비슷한 연령대 고객님도 내용을 다 들으시고 생각해보신다고 해서 그렇게 하시라고 했거든요. 연락이 없으셔서 제가 전화를 다시 드렸는데요. 글쎄 지난주 통화하고 나서 아침에 욕실에서 미끄러졌는데 허리에 금이 가셨대요. 입원 중이라고 하시더라고요. 허리 골절은 깁스도 안 되고 그냥 움직이지 않고 누워만 계셔야 하는데 4주 진단을 받으셨다고 해요. 원하셔도 안타깝게 보험 가입을 못 해드렸거든요. 사고라는 것은 정말 우연히 오는 것이기 때문에 큰 사고가 아니더라도 골절 진단만 되도 바로 보장 나가는 거라 지금 통화되셨을 때 건강 상태 몇 가지 여쭤보고 가입 도와드릴게요."

설명해도 고객이 계속 결정을 미룰 때는 사례 예시가 정말 도움이 많이 됐다. 메모해놨다가 적절하게 상품 설명 시 끼워서 사례를 들어주면, 고객 또한 이해도 빠르고 왜 지금 가입해야 하는지 고객이 스스로 결정을 내리게 된다. 내가 설명한 고객이니까 생각해보고 나를 찾아주겠지 하면 큰 오산이다. 언젠가는 가입하겠지 하는 것이 아니라 지금 연결됐을 때 가입을 바로 시켜드리는 것이 우리의 큰 업무라는 것을 잊지 말자.

상담하다 보면 전산 상령일에 빨간색으로 표시가 되어 있는 고객들이 있다. 상령일이란 보험사에서 나이에 따라 보험료가 올라가는 날짜다. 연령이 올라갈수록 위험도는 높아지기 때문에 같은 보장이더라도 보험료는 비싸다. 이런 고객들은 상품 설명 시 결정을 잘 내리지 못할 때는 상령일로 클로징을 해보는 것도 좋다. 오늘까지만 이 금액으로 해드릴 수 있고, 내일부터는 보험료가 오른다고 하면 지금 당장 가입을 안 할 이유가 없기 때문이다.

요즘에는 옛날하고 다르게 당뇨 환자들이 정말 놀랍도록 많아졌다. 처음 일할 때만 해도 당뇨병은 중년이 되어서 생기는 성인병인 줄로만 알았었다. 먹는 식습관 때문에 운동을 안 해서인지는 모르겠지만, 현재는 당뇨 환자가 몰라보게 증가했다. 물론 30대에 당뇨 진단을 받은 분들은 유전력이 크다. 그래서 상담할 때마다 여쭤봤는데 유전력보다 "그냥 회사에서 피 검사하니까 당뇨래요", "요즘 너무 피곤하고 살이 빠져서 병원 갔는데 당뇨라고 하더라고요" 하는 분들이 꽤 많았다. 먹는 식습관이 문제였던 것 같았다. 이런 분들은 심뇌혈관 쪽으로 보장을 크게 잘 넣어주면 좋다. 관심도 많았다. 당뇨약을 드시거나 전 단계라고 하면 미루지 말고 지금 바로 가입시켜야 든든하게 보장받으실 수 있다. 특히나 심뇌혈관계 쪽은 예고 없이 갑자기 찾아오는 질환들이라 더더욱 크게 보장을 잘 넣어주는 것이 중요하다.

고객에게 왜 지금 당장 가입해야 하는지 설명하라. 고객은 결정장애와 생각하기의 달인이다. 고객 입장에서는 어쩌면 당연한 것이다. 이것을 인정하고 상담하면 어렵지 않다. 우리가 주도적으로 이끌고 나아가야 한다. 쉽게 정확히 이해가 가도록 설명해주면 된다. 힘든 상황일수록 외부적 환경을 탓하는 것이 아니라 그런데도 나를 믿고 가입해주는 고객에게 항상 감사하는 마음으로 나아가면 되는 것이다. 상담에서 가장 중요한 것은 클로징이다. 강력한 클로징을 쓸 수 있다는 것은 우리의 엄청난 능력인 것을 잊지 말자.

단정적으로 확신 있게 말하라

텔레마케팅에서 가장 중요한 것이 뭐라고 생각하는가? 나는 단연코 '자신감'이라고 말하고 싶다. 상담원이 확신이 없고 자신감이 없다면 단정적으로 말을 할 수 없기 때문이다. 그렇다면 확신 있게 전달하려면 어떻게 해야 할까? 전달하고자 하는 상품만큼은 정말 제대로 알고 있어야 한다. 가장 큰 장점이 뭔지, 단점이 있다면 이 단점을 어떻게 장점으로 만들어 안내를 할 수 있을지 여러 번 반복 노력해서 나만의 스크립트를 작성할 수 있어야 한다. 반복 또 반복만이 나를 자신감 있는 사람으로 만들어줄 수 있다.

상담했을 때 유난히 의심이 심한 고객이 있었다. 내 정보를 어떻게 알고 전화했느냐부터 해서 상품의 중요한 부분을 안내할 때마다 토를 달았다. 내가 상담하고 있으면 말을 툭툭 잘랐다. 사실 이런 고객을 만나면 기분이 좋지만은 않다. 무시당한다는 기분이 들기 때문이다. 상담을 오래 하다 보니 자존심을 세워서 좋을 것이 하나도 없다는 것을 알았다. 내 자존심은 집에 있는 가방에 넣어놓고 출근했다. 이것이 내가 장기 근속할 수 있었던 이유기도 하다. 이런 부류의 고객은 내 이야기를 해주는 것이 잘 먹혔다.

"고객님, 저도 이 상품 나오자마자 저희 친정 아빠를 바로 가입시켜드렸어요. 아빠가 보험을 좋아하셔서 웬만한 보험은 다 가지고 있는데요. 치매에 대한 보장은 없으셨거든요. 그런데 예전처럼 대소변 못 가리고, 사람 못 알아보는 중증 치매 진단자금만 드리는 것은 아무 의미가 없잖아요. 치매보험 들고 보장받기가 엄청 까다롭다는 소리도 매스컴에서 많이 들어 보셨을 거예요. 이 상품은 경증 치매 진단 시에도 보장이 나가고요. 치매는 진행성 질환이라 완치가 없거든요. 중증으로 진행되시면 가족들한테 매달 평생 돌아가실 때까지 간병비를 드리는 거예요."

"치매는 다른 보험하고 다르게 나를 위해서 준비하는 보험이 아니라 남아 있는 내 가족을 위해서 준비하는 보험이에요. 귀한 자녀들한테 부담 주기 싫으시잖아요. 요즘에는 핵가족화 시대고, 자녀들이 부모를 부양하는 시대가 아니기 때문에 치매 간병에 대해서는 꼭 준비해놓으시면 든든하실 거예요. 치매는 오래 살기 때문에 누구에게나 자연스럽게 오는 질환이라고 합니다. 저희 아빠도 연세가 있으시니까 했던 이야기 또 하시고, 기억력이 자꾸 떨어지신다고 하셔서 저는 아빠 앞으로 가장 큰 것으로 준비해드렸어요.”

“드라마나 영화를 보면 시대적 상황을 볼 수가 있는데요. 요즘 드라마는 암으로 죽는 이야기보다 치매에 관한 드라마가 많이 나오더라고요. 그만큼 중요한 것 같아요. 긴 병에 효자 없다고 합니다. 미리미리 건강하실 때 치매 간병비를 준비해놓으시면 자녀들이 정말 좋아하실 것입니다.”

“나중에 고객님이 납입을 못하시더라도 자녀들이 유일하게 납입자를 변경해서 유지하는 보험이 치매보험이에요. 그만큼 선택이 아니라 필수적으로 가입해야 하는 상품이에요. 제가 가입해 보니까 치매보험만큼은 어떤 상품하고 비교해봐도 이만한 상품이 없었습니다. 믿고 가입해놓으시면 절대로 후회하지 않으실 것입니다. 바쁘실 테니 몇 가지만 확인하고 바로 가입 도와드릴게요.”

이런 고객들은 상품을 구구절절 설명하는 것보다 내 이야기를 해주는 것을 좋아했다. ‘그렇게 좋은 거면 상담원은 가입했나요?’ 이런 생각을 가지고 있는 것이다. 나는 종종 상품을 안내하면서 나를 많이 드러냈다. 내 이야기를 하면서 사례를 들어주면 고객은 사람 냄새 난다며 좋아하시는 분들도 많았다.

이 고객은 가입하고 일주일 뒤 전화하셔서 아내분도 똑같이 가입하셨다. 두 분 모두 공무원이라 연금이 나오기 때문에 가입할 생각이 전혀 없었는데, 자녀들이 다 각자 출가해서 본인 살기도 바쁠 텐데 우리가 아파서 짐이 되면 안 된다는 생각이 드셨다고 했다. 나를 노출하는 것은 확신 있게 말할 수 있어서 굉장히 효과가 좋았다.

요즘에는 조기 검진 때문에 그런 것인지 고혈압, 고지혈증, 당뇨약을 안 드시는 분들이 거의 없다. 고객 중에는 예방 차원에서 먹으면 좋다고 해서 먹는다는 분들도 많았다. 사실 '과잉 진료 아니야?' 이런 생각을 안 한 것도 아니다. 대사질환 약을 장기간 먹고 있으면, 약 부작용으로 심뇌혈관계 질환을 진단받는 분들도 많았다. 이런 약들은 한번 먹으면 친구라 생각하고 평생 복용해야 한다고 했다. 재발률도 다른 질병에 비해 높은 편이었다.

하루는 통화를 하는데 젊은 40대 남자분이셨다. 1년 전에 갑자기 살도 빠지고 무기력증이 심해서 병원에 갔는데 당뇨가 너무 심해서 2주간 입원 치료하셨다고 했다. 지금은 약 드시고 수치도 조절되어 회복하고 계신다고 했다. 나는 입원비, 수술비 상품을 안내하려다가 심뇌혈관계 진단비, 심뇌혈관계 수술비를 권했다. 그러자 고객은 "제가 약도 먹고 당뇨로 입원도 했는데 가입되나요?

안 될 거예요"라고 말했다. 하지만 마침 회사에서는 프로모션이 있었다. 딱 두 달 동안만 인수 완화가 됐던 것이다. 1년 안에 입원력만 없으면 가입할 수 있었던 것이다. 고객이 입원한 날짜를 정확히 확인했는데 13개월 전이었다.

"고객님, 운이 진짜 좋으십니다. 원래는 입원력이 있으면 가입이 불가했는데, 이번 달까지만 인수 완화가 되어 고객님은 입원력이 있으셔도 드시는 약을 그대로 고지하고 가입할 수 있습니다."

"그러면 나중에 보장받는 데 문제 생기는 것 아닙니까?"

"고객님과의 통화 내용은 정확히 녹취되고 있고요. 당뇨약을 드셔서, 당뇨로 입원력이 있어서 당뇨 합병증으로 진단이 되셨는데 보장이 안 나간다면 저를 찾아주세요. 정말 운이 좋으셨고요. 서류를 받아보시면 말씀한 내용 그대로이실 것입니다. 제가 이 일만 16년 가까이 하고 있는데요. 이런 심사기준으로 가입되는 경우는 정말 거의 없으셨어요. 혹시라도 제가 말씀드린 내용과 다른 부분이 있다면 꼭 전화 주세요."

자신감이 곧 확신이고, 확신이 있으면 당연히 당당해진다. 나는 확신에 찬 목소리로 몇 번을 다시 말씀드렸다. 고객은 들어갈 수 있는 최대 한도로 가입을 원하셨다. 심사는 당연히 통과됐고, 서류 받아보실 때쯤 해피콜을 해드릴 때도 고맙다는 말씀을 계속 하셨다. 고객은 상담에 만족하면 "누구 소개할 일 있으면 찾을게요"라는 말을 꼭 하셨다. 이 말은 언제 들어도 꿀보다 달았다. 상품에 대한 확신만 있다면, 그 확신이 그대로 고객에게 고스란히 전달될 때 고객은 나의 마음을 아는 것이다. 좋은 보장으로 가입해드렸지만, 보장받을 일은 없었으면 좋겠다는 웃음으로 마무리 지어 드렸다.

상담하면서 힘든 날도 물론 있지만, 행복한 날이 훨씬 많았다. 내가 가장 행복했을 때는 고객이 나를 직접 찾아줄 때였다. 수많은 상담원 가운데서 나를 잊지 않고 찾아준다는 것은 늘 감동이었다. 그분들은 나를 찾아서 지인 소개를 해줬다. 지인 소개만큼 좋은 일은 없었다. 나 또한 이런 고객들은 더 신경 써서 보장 설계를 해줬다. 나를 믿고 가입해주신 만큼 더 확신 있게 말해줬다. 보장 분석도 꼼꼼히 봐 드렸고 이대로만 유지하셔도 보장받는 데는 크게 문제 없으실 것이라며 믿음도 드렸다. 이럴 때 내가 하는 일이 참 좋았다. 나는 사랑하는 고객님들 덕분에 이렇게 성장하고 있는 셈이다.

언어 거품을 모두 걷어내라

　나는 대화할 때 요점이나 본론을 말하지 않고, 빙빙 돌려서 이야기하는 사람을 별로 안 좋아했다. 또 텔레마케팅을 오래 하다 보면 직업병이 있다. 고객이 아닌 다른 사람 말은 들어주는 게 힘들었다. 가까운 가족과 이야기할 때도 말이 길어진다 싶으면 "그래서 결론이 뭐야? 결론만 이야기해주면 안 될까?"라며 중간에 말을 자르기도 했다. 하루 종일 고객 이야기를 들어주다 보면, 정작 가까운 사람들에게는 상처를 주는 일도 많았다. 간단하고 단순하게 이야기해주는 것이 참 좋았다.

　요즘은 정보 홍수 시대다. 고객들도 정말 바쁘다. 내가 전화하면 듣고 있을 사람도 없고, 들어줄 시간 또한 없었다. 내가 전달하고자 하는 것을 가급적 간략하게, 핵심만 귀에 꽂히게 이야기해야 했다. 쉬운 일은 아니었다. 그래도 되는 방법을 찾아야 하는 것이 내 업무였다. 책상 앞에 거울을 올려놓고 항상 웃는 표정을 연습했다. 웃는 연습을 할 때 전화가 연결되면, 자동으로 목소리는 톤이 높아지고 밝아졌다. 웃는 얼굴에 침 못 뱉는다고 했다. 도입 인사에 끊지 않고 들어주기만 해도 나는 성공한 것이다.

"뭐 하나만 물어볼게요. 내가 들어간 보험이 뭔가요?"

"내 몸 다쳤을 때 보장받는 상해보험으로 확인되십니다."

"운전도 안 하고 어디 움직이는 일도 없는데 필요 없는 것을 넣었나 봐요."

"고객님, 당연히 그렇게 생각하실 수도 있는데요. 고객님이 가입하신 것을 보니까 외부에서 일어나는 사고가 아니더라도 집안일은 하실 거잖아요? 얼마 전에도 어떤 주부님이 냉동실을 열다가 얼린 떡이 발등에 떨어져서 골절 진단받으신 분이 계세요. 베란다 화분을 정리하시다가 무거운 화분을 들어서 허리 다치셔서 며칠 통원하시는 분도 계셨고요. 연세가 있으시면 뼈가 약해지다 보니 자녀들이 선물해준 안마기로 안마하시다가 뼈에 금 가신 분들도 계세요. 고객님 상해보험은 일상생활에서 일어나는 사소한 사고까지도 진단비 외에 통원비까지 보장되시는 거고요. 지금은 이런 상품이 아예 단종되어서 가입을 원하셔도 못하는 상품이에요."

"아, 그런 거예요? 그럼 저 며칠 전에 등산하다가 발목 삐끗해서 며칠 물리치료 받았는데 그것도 보장되나요?"

"당연하죠. 치료받은 병원에 가셔서 통원확인서를 보내주시면 보장받으실 수 있으세요."

상담해드릴 때 고객이 묻는 말에 간단하고 단순하게 이야기해주면 금방 이해하셨다. 이해를 쉽게 하실 수 있도록 항상 예시를 들어서 설명했다. 물어보는 고객에게 꼬아서 이야기한다거나 듣고 나서 한참 생각해야 이해할 수 있는 말들은 엄청난 역효과다. 고객이 바로 해약해달라고 할 수도 있다. 고객의 성별, 나이에 따라 사례 예시를 들어주는 것이 가장 큰 효과를 볼 수 있었다. 가지고 있는 상품에 대해 칭찬해주는 것도 좋았다. 본인이 가입한 상품에 대해 한 번 더 확인해서 칭찬해주면 내가 잘 넣었구나 하고 안심했다.

"그럴 수도 있겠네요. 그것도 좋은 방법이겠네요."
"보험 관련된 일을 해보셨어요?"
"저보다 더 많이 알고 계시네요."

이미 알고 있는 내용일지라도 한 번 더 물어보고 칭찬해주면 고객은 으쓱했다. 고객 성향 중에 자기가 잘났다 하는 고객들이 있다. 사실 고객들이 전문가인 우리보다 보험에 대해 많이 알 수는 없었다. 그래도 팍팍 우기는 고객이 있었다. 이런 고객들은 잘못된 것을 짚어주고 조언하며 나무라는 것이 아니라 그냥 "그랬어요" 하고 계속 반복해주고 수긍해주면 끝난다. 옳게 알려 주려고 말을 많이 하는 것은 아웃이었다. 이런 고객은 그냥 인정받고 싶은 것이었다. 아무리 우리가 언어에 거품을 넣어 설명한다고 해도 들을 고객이 아닐 테니까.

고객은 상담원을 닮아간다. 아니, 상담원에게 맞는 고객을 만난다고 하는 것이 맞는 것 같다. 나는 내가 무슨 물건을 산다거나 필요한 것이 있어서 매장을 방문한다거나 마케팅으로 전화가 왔을 때 내가 궁금한 부분을 쉽게 잘 긁어주는 상담원이 있으면 바로 승낙하는 성격이다. 하루는 드럼 세탁기를 쓰다가 너무 불편해서 통돌이 세탁기를 사려고 매장을 방문했다. 나는 분명히 매장 직원에게 드럼 세탁기의 불편한 점을 말씀드렸고, 원하는 세탁기를 말씀드렸다. 나라면 고객이 원하는 상품을 보여주며 이 상품의 최고 장점을 말했을 것이다. 이 장점으로 인해 고객의 삶의 질이 달라질 수 있다는 것을 강조했을 것 같다.

그런데 직원은 요즘 나오는 신형 드럼 세탁기는 통돌이 못지 않게 세탁이 잘된다며 신상품인 드럼 세탁기를 나에게 계속 설명하는 것이 아닌가. 열심히 설명하는데 내 귀에는 하나도 안 들어왔다. 속으로 이 직원은 고객 니즈를 잘 모른다고 생각했다. 그 달에 있는 이벤트 행사에만 관심이 많아 보였다. 나는 "다른 데도 한번 보고 올게요" 하고 나왔다. 다른 매장 직원은 나의 이야기를 듣고, 바로 내가 말한 상품에 적합한 통돌이 세탁기를 소개했다. 내가 불편하다고 말했던 부분에 관해서만 설명하고 강조했다. 군더더기 없이 말이다. 몇 마디 안 했는데도 나는 바로 결제했다.

내 고객도 나처럼 단순하다. 뭔가를 결정할 때 몇 가지를 여쭙고 그것을 쉽게 설명하면 바로 가입을 결정했다. 그래서 내 콜은 항상 단순하고 짧다. 다른 상담원이 녹취를 들어보면, 내 콜은 정말 따라 하기 쉽다고 했다. 또 신입사원이 들어오면 내 콜은 우수 콜로 교육 자료가 되기도 했다.

누군가는 고객이 질문도 없이 너무 쉽게 계약한다고 했다. 이유는 있었다. 고객이 질문하지 않게끔 '이 고객은 이런 부분이 궁금하겠구나' 하고 미리 내가 설명한다. 상담하다가 그 고객의 니즈가 느껴지면 핵심만 이야기해준다. 이게 내 노하우다. 이런 콜은 하루아침에 되지는 않았다. 항상 말했듯이 반복하는 여러 번의 훈련 밖에는 없었다. 한 콜, 한 콜 엄청난 집중력으로 받다 보면 내가 했던 이 말이 공감될 것이다.

말을 잘하는 것은 상담원에게 필수 요건이다. 하지만 말을 잘한다고 해서 계약을 잘하는 것은 절대 아니었다. 말을 잘하면서 간단하고, 단순하게 고객의 귀에 핵심만 꽂히게 말하는 상담원의 성과가 당연히 높았다. 스스로 본인이 상담하는 콜을 한번 들어보라. 알맹이만 쏙쏙 이야기하고 있는지, 아니면 군더더기가 섞인 말들을 많이 하는지. 필요 없는 말을 많이 하면 고객은 달아난다. 내 콜은 내가 제일 잘 아는 법이다. 물론 다른 사람이 들어서 도움을 주는 경우도 많지만, 내가 내 콜을 들어 봐야 가장 큰 공부가 된다는 것을 잊지 말자.

이윤지 작가의 《메타인지 대화법》에 보면 이렇게 말하고 있다.

"메타인지 대화법은 자신의 대화를 객관적으로 모니터링하는 것이다. 말을 잘하기 위해서는 상대방과 대화를 나누면서 내가 지금 맥락에 맞는 이야기를 하고 있는지, 대화의 흐름에서 벗어나고 있지는 않은지 직관적으로 판단할 수 있어야 한다. 말을 잘한다는 것은 한마디를 하더라도 사람의 마음을 움직일 수 있다는 것을 의미한다. 이러한 말에는 신뢰감이 느껴지며 진정성이 담겨 있다."

현란한 말솜씨를 지녔다고 말을 잘한다고 하지는 않는다. 국민 MC로 많은 사랑을 받는 유재석 씨가 대표적인 예가 아닐까 싶다.

자신보다는 상대가 돋보이고 편안하게 이야기할 수 있도록 배려하는 토크쇼를 진행하며, 진정성 있는 MC로 자리매김하게 됐다. 이처럼 우리도 콜을 할 때 고객에게 중점을 두고 니즈 전체를 파악하며, 언어 거품을 모두 걷어내고 대화에 임해야 내가 궁극적으로 원하는 목적을 이루는 말하기가 가능한 것이다.

거절은 고객의 니즈를
파악하는 계기가 된다

텔레마케팅에서의 거절은 떼려야 뗄 수가 없다. 거절은 필수다. 하지만 거절을 받는 순간, 의지가 약해지기 마련이다. 다만 고객의 반대에 적절히 대응하고 이겨내는 것은 우리에게 꼭 필요한 것이다. 상품에 대한 지식은 고객의 거절을 이겨낼 만한 영향력을 발휘한다. 화려한 말솜씨가 아니라 정확하고 올바른 지식과 정보를 건네주는 것이 우리의 업무다.

고객의 거절과 반론에 어떻게 대응하면 좋은지 내 경험을 공유하고자 한다.

우선 상품 설명을 듣고 있다는 것은 고객 관심의 표현이다. 관심이 있어서 내 이야기를 들어주는 것이다. 상품 설명을 다 듣고 가입 결정을 하지 못하는 고객들이 있다. 이런 고객들에게 강하게 밀어붙이거나 조언을 하는 것은 아웃이었다. 이럴 때는 고객에게 질문을 하는 것이 좋았다.

"고객님, 내용이 관심 있으셔서 이것저것 여쭤보시고 하셨는데, 혹시 가입을 망설이는 다른 이유가 있으실까요?"

"저는 들어보니까 마음에 드는데 혼자 결정할 수 있는 게 아니라서요. 배우자랑 상의 좀 해보고 전화 드릴게요."

"맞아요. 고객님께서는 제 전화를 기다렸다가 받으신 게 아니고, 일하시다 갑자기 받으신 거라서 충분히 고민을 해보셔야 하는데요. 저에게 직접 들은 내용을 배우자님께 전달하시기는 쉽지 않으실 거예요. 보장 내용이 마음에 드셔서 가입과 동시에 심사 통과 되시면 저희가 서류를 보내드리거든요. 서류를 보시고 충분히 검토해보셔도 늦지 않으세요. 오히려 서류 받아보시고 내용이 좋아서 배우자님 것까지 추가로 요청하신 분들도 많으셨어요."

"제가 지금 바빠서요."

"고객님, 내용 설명은 다 해드렸고요. 녹취하는 것은 몇 분 안 걸리세요. 잠깐만 시간을 내주시면 고객님께서는 정말 이 보험 하나로 삶의 질이 달라질 수도 있을 것입니다. 보험은 내용을 들었을 때 '아, 이거다 싶을 때 가입해놓지 않으면, 직접 고객님들이 전화 주셔서 가입하는 게 쉽지 않으세요. 이렇게 연결되신 것도 인연인데, 기회를 놓치지 마시고 건강하실 때 준비해드릴게요."

계약 녹취까지 완성된 콜이었다. 고객이 배우자와 상의해본다 고 했을 때 "그럼 상의해보시고 전화 주세요"라고 했다면 한 고 객을 놓쳤을 수도 있었다. 고객의 거절은 신호일 뿐이다. 이럴 때는 상품의 장점에 대해 다시 한번 설명해드리고 왜 연결되셨 을 때 가입해야 하는지 자신 있게 다가가면 되는 것이다. 절대로 고객이 먼저 끊기 전에 내가 먼저 전화를 끊거나 반론을 포기해 서는 안 된다. 거절은 실패가 아니라 더 나아갈 수 있는 성장의 계기가 된다. 고객의 거절도 결국은 계약으로 바뀌는 경우가 많 으니까.

누군가는 이렇게 이야기할 수 있다.

"수없는 거절을 당하다 보면 거절에 대한 두려움이 생긴다"라 고 말이다. 이런 사람들은 내가 받은 거절에 중점을 두고 생각하 기 때문이다. 거절보다는 거절당했을 때 내가 건넨 용기에 나 자 신을 칭찬해주면 위로가 된다. 최선을 다하면 그것으로 만족하 면 된다. 거절은 언제나 영업의 일부다. 긍정적인 마인드로 받아들이면 된다. 거절에 집착하게 되면 소중한 다음 고객을 또 놓치게 된다. 원하는 것만 상상하고 믿고 나아가면 되는 것이다.

하지만 열심히 상담하고 있는데 상담 중간중간에 철회를 이야기하는 고객을 만나면 진짜 맥이 빠진다. 물론 갑자기 전화 받고 결정하는 것이 쉽지 않기 때문에 충분히 이해는 한다. 그런데 습관처럼 묻는 것이 아닌가. 나는 고객에게 도리어 질문을 했다.

"고객님, 보험에 가입하고 무슨 좋지 않았던 경험이라도 있으셨나요? 저는 고객님께 필요하다 싶어서 권유를 해드렸는데 계속 취소를 이야기하셔서요."

"제가 전화로 보험에 가입해서 손해 본 금액이 수백만 원입니다. 마음이 약해서 전화 올 때마다 믿고 가입했습니다. 그런데 이번에 아파서 수술하고 보상 청구 좀 했더니 내가 쓴 금액의 절반도 안 나왔어요. 보험을 제대로 넣어줘야죠. 지금도 통화는 오래 했으니까 가입은 할 건데요. 취소해도 전화해서 뭐라 하지 마세요."

"고객님, 그럼 안 하신다고 하면 안내를 드리지 않습니다. 억지로 가입하시라고 안내해드리는 게 아니에요. 저는 정보만 드

리는 거고요. 선택은 고객님이 하시는 거니까 부담 가지실 필요
도 없으세요. 나중에 보상 크게 잘 받았다고 저 따로 주실 것은
아니시잖아요. 가입하시고 바로 철회하실 거면 차라리 안 하시
는 것이 나으세요. 그런데 받아보시고 바로 취소할 만한 그런 내
용이 아니시기 때문에 자신 있게 권해드리는 것입니다. 고객님
생각은 어떠세요? 어떻게 도와드리면 될까요?"

　이왕 넣을 것이라면 제대로 크게 넣어달라고 하셔서 드릴 수
있는 최대 한도로 가입을 도와드렸다. 유지도 잘하셨다. 상담하
다 보면 설명은 다 했는데 클로징이 잘 안된다면서 고객에게 먼
저 철회 이야기를 꺼내면 안 된다. 물론 정말 고객이 먼저 물어
볼 때는 한 번 정도는 말씀해드릴 수 있지만, 내가 먼저 "고객에
게 받아보고 마음에 안 들면 취소해도 된다" 이런 멘트는 사용하
지 않는 것이 좋다. 제대로 니즈를 심어서 가입을 도와드려도 취
소하는 고객도 있다. 그런데 내가 상담 중에 철회 멘트를 계속
쓰면 고객은 다른 것은 귀에 안 꽂히고, 철회만 귀에 꽂혀서 서
류를 받자마자 바로 취소하는 것이다.

　계약할 때 녹취까지 마치면 정말 진이 빠진다. 그런데 이렇게
힘들게 한 계약을 한순간에 바로 취소당하면 일하기가 싫다. 내
가 철회 멘트를 하고 계약을 한 고객이 취소하면, 나 또한 자신

감이 없어서 고객 철회를 막지 못한다. 내가 취소를 이야기해서 고객이 취소한 거니까. 다소 계약이 어렵게 들어가더라도 상품의 장점과 니즈로 클로징을 하되 절대로 취소 멘트로는 클로징 하지 말 것을 당부하고 싶다.

힘들게 계약했는데 건강심사에서 거절이 되는 경우도 꽤 있다. 고객은 건강하다고 고지하지만, 요즘에는 전산이 다 통합되어서 고객이 보상 청구하면 다 조회가 된다. 심사과에서 서류 심사로 가능하다고 하면 그나마 다행이다. 고객에게 요청하면 대부분 필요해서 보험 가입을 했기 때문에 서류도 잘 보내주셨다. 그런데 문제는 서류 심사도 못하고, 무조건 가입 불가로 뜨면 난감하다. 하지만 이런 고객들도 모든 보험이 다 심사 거절되는 것은 아니다. 거절이 나왔을 때 미루지 말고 바로 고객에게 전화해서 다른 상품으로 권유해야 한다.

"고객님, 기억이 잘 안 나셔서 저한테는 고지를 안 해주셨는데요. 타사에서 보험금을 받은 이력이 있으셨나 봐요. 워낙 최근력이시라 원하셨던 보장은 일정 기간이 지나야 가입이 된다고 하셔서 납입한 보험료는 고객님 통장으로 돌려 드릴 거예요. 그런데 고객님, 심사과에서 진단비 상품은 가입하실 수 있다고 하는데요. 수술비 상품은 기간 경과 후 재심사 넣어 드릴 거고요. 우선 가입 가능한 진단비 상품으로 바꿔서 넣어 드릴게요."

대부분 고객은 보장 내용을 다시 여쭤보고 가입하셨다. 거절됐다고 해서 한숨만 푹푹 쉬고 포기하면 안 된다. 처음이 어려운 것이다. 나를 믿고 가입해주셨던 고객은 신뢰가 있어 쉽게 믿고 재가입을 했다. 내 생각으로만 고객을 판단해서는 안 된다. 생각만 하면 아무것도 할 수가 없다. 1톤의 생각보다 1그램의 실행이 가장 현명하고 지혜롭다. 거절은 언제나 영업의 일부라는 것을 잊지 말고, 고객의 니즈를 잘 파악해서 거절이 곧 계약이 되는 일들이 많았으면 좋겠다.

스토리텔링만 한 영업은 없다

이야기는 어떤 논리적인 설득보다도 사람의 마음을 움직이는 힘이 강력하다. 그래서 요즘 스토리텔링이 다양한 분야에서 주목받고 있다.

스토리텔링이란 상대방에게 알리고자 하는 바를 재미있고 생생한 이야기로 설득력 있게 전달하는 행위를 일컫는다. 미래학자 롤프 옌센(Rolf Jensen)은 "세상은 이미 물질적인 부가 아닌 문화와 가치, 생각이 중요해지는 꿈의 사회로 진입했으며, 이러한 사회에서는 브랜드보다 고유한 스토리를 팔아야 하며 이제 스토리텔링을 배우지 못한다면 사람들을 설득할 수 없고, 설득할 수 없다는 것은 원하는 것을 얻지 못한다는 의미와도 같다"라고 말했다.

텔레마케팅은 보이지 않는 상품을 보이지 않는 고객에게 판매하는 것이다. 단순하게 상품의 설명만으로 고객을 설득하거나 설명하는 것은 한계가 있다. 나의 경험과 지인의 경험, 고객의 스토리를 가지고 상담할 때 고객은 듣기 시작한다.

뇌혈관질환과 관련해서 보험을 추가하려고 했던 고객이 있었다. 매일 규칙적으로 운동하고, 좋은 음식을 먹고 즐겁게 살고 있어서 보험이 필요 없다고 하셨다. 그러면서 "뇌졸중 오면 죽어야죠. 그게 사는 것일까요?"라고 말했다.

"고객님, 며칠 전에 고객님하고 비슷한 연령대이신 한 분이 전화가 왔는데요. 동창 모임에 갔다가 친구가 뒷모습을 보고 걸음걸이가 이상하다며, 병원 가서 MRI 한번 찍어보라고 했대요. 나이가 있으면 다리 근육이 빠져서 걸음걸이가 이상할 수 있다고 생각했지만, 혹시 몰라서 병원에 가셨대요. 검사를 했는데 본인도 모르게 뇌졸중이 살짝 스쳐 지나갔다고 했대요. 그래도 약은 평생 드셔야 한대서 예방차 혈전 용해제를 처방받아 오셨다고 하더라고요. 진단자금이 1,000만 원 들어가 있어서 보상 청구하면 보장 나간다고 했더니 병원비는 100만 원도 안 나왔는데 1,000만 원이 나오는 거냐며 본인은 혈압약, 고지혈증, 당뇨약도 전혀 안 드셔서 이런 것은 본인과 전혀 상관없다고 생각했는데, 나이가 들면 혈관 노화는 어쩔 수 없나 보다고 하시면서 정말 고맙다는 말씀을 재차 하셨어요."

이 고객은 워낙 초기에 발견이 되셔서 편마비 없이 일상생활하는 데도 문제가 전혀 없다고 하셨다. 그 친구가 정말 생명의 은인이라고 하셨다. 친구가 한 말을 그냥 허투루 흘려보냈다면 큰일이 나셨을 수도 있었을 텐데 너무 감사한 일이 아닐 수 없었다. 이렇게 비슷한 고객님 연령대, 직업군에 따라서 이야기로 풀어드렸을 때 고객들은 더 니즈를 많이 느껴 본인들이 스스로 가입을 결정한다. 이런 일들이 나에게 일어나지 않는다는 보장은 없을 테니까.

우리나라 사망 원인 1위는 암이다. 3명 중 1명이 진단받고 있다. 예전에는 연세 있으신 분들이 진단율이 높았다. 지금은 젊은 고객들도 암 진단받는 분들이 정말 많아졌다. 그런데 젊은 고객들은 암은 아주 먼 이야기라며 관심도 없었다. 들으려고도 하지 않았다. 나이가 어린데 암에 대한 니즈가 있는 고객들은 가족 중에 암 진단받은 이력이 있는 고객이었다. 그렇다고 남은 고객을 놓칠 수는 없지 않은가. 이럴 때도 스토리텔링은 아주 효과가 좋다.

"고객님, 요즘 혼밥, 혼술 많이 하시죠? 또 바쁘게 살아가다 보면 편의점 음식이라든가 배달 음식 많이 드시잖아요. 직장에서 받는 스트레스는 말할 것도 없고요. 고객님이나, 저나 우리는 암세포를 모두 가지고 있다고 합니다. 그런데 면역세포가 암

세포를 이기기 때문에 건강한 것이고요. 면역이 급격히 떨어졌을 때 암세포를 이기지 못하면 암이 생긴다고 합니다. 특히 고객님 연령대 분들 중에는 다른 것보다는 위암 진단율이 너무 높아지고 있는데요. 절대로 진단받으실 일은 없으셔야 하지만, 젊은 분들이 진단받으시면 세포가 왕성해서 위험률이 더 높다고 합니다. 편의점 음식을 자주 드시고, 운동도 못하고, 스트레스가 엄청 많으시면 술 담배 하시는 것 조금만 줄이시고 내 건강을 위해서 준비해보시는 것은 어떠세요? 당장 앞만 보시지 마시고요. 미래도 보셔야 해요. 고객님께서 경제활동을 하실 때 부담 없는 보험료로 가입 도와드릴게요."

20대 여성 고객이었다. 뷰티 업무를 하고 계시는 분이었다. 이 업종에 종사하시는 분들은 아이러니하게도 여성 질환 쪽으로 진단율이 높았다. 특히나 여성암 1위는 유방암이다. 내 고객 중에 어깨가 너무 아프고 결려서 계속 정형외과, 한의원을 병행해 가며 치료받는 고객이 있었다. 병원 갔다 오면 좀 나아지는가 싶더니 다시 고통은 계속됐다고 했다. 진통제로 하루하루 버티는 삶을 사셨다. 그러다 하루 휴가를 내고 큰 병원에 가서서 종합 검사를 받았는데, 유방암 2기로 진단이 나왔다. 이 고객은 너무 억울하다고 했다.

유방암을 늦게 발견한 것도 속상했지만, 본인이 왜 유방암에 걸렸는지 이해가 되지 않았다고 했다. 담당 의사에게 물어봤더니 요즘 젊은 여성들이 경피독이나 환경호르몬으로 인해, 원인 모를 유방암이 많다고 했단다. 아침에 바르는 화장품, 매일 씻는 데 쓰는 샴푸, 바디워시, 향수, 염색, 파마 또 우리가 일상생활에 너무 많이 쓰고 있는 플라스틱에서 나오는 환경호르몬들이 주범일 수 있다. 나는 젊은 여성분들은 유방암을 일반암으로 크게 보장해주는 암보험을 적극적으로 권했다. 이렇게 실제 사례를 이야기로 들려주면서 말이다.

이야기로 설명하지 않고 암 진단자금을 얼마 보상해드린다고 상품의 장점만 구구절절 이야기했다면 고객에게 크게 와 닿지 않았을 것이다. 젊은 고객들은 그래서 중간에 먼저 뚝 끊어버리는 것이다. 본인에게 전혀 니즈가 없는데 듣고 있을 필요가 없었던 것이다. 물론 바빠서, 필요 없어서 먼저 전화를 끊는 경우도 많지만, 설명을 듣다가 중간에 뚝 끊는 것은 내 상담에 문제가 없는지 한번 짚어보는 계기로 삼는 것도 큰 도움이 됐다. 어쨌거나 스토리텔링은 어떤 논리적인 설득보다도 사람의 마음을 움직이는 힘이 강력했다.

연세 있으신 고객들이 필요한 것은 알지만 '나한테 설마 이런

질환이 오겠어?' 하며 망설이는 보험이 있다. 바로 치매보험이
다. 죽기보다 싫은 것이 치매라고 이야기하시는 분도 있었다. 치
매는 진단 시 본인은 천국이고, 가족은 그야말로 지옥이기 때문
이다. 치매는 나이 들어서 오는 질환이기도 하지만, 사고로 진단
받는 분들도 꽤 있었다. 치매보험을 망설이는 고객에게 내가 이
야기했던 내용을 공유하고자 한다.

"고객님, 제 고객님 중에 학교 선생님이 계셨는데요. 방학 때
운동하시다가 크게 넘어져서 고관절을 다치셨어요. 입원해서 수
술까지 하시면서 고생을 엄청나게 하셨다고 하더라고요. 겨우
회복이 되어서 퇴원하셨어요. 그런데 나중에 안부차 전화를 드
렸는데 배우자님이 전화를 받으시더라고요. 글쎄 치매 진단이
되셔서 통화를 할 수가 없다고 하셨어요. 저도 정말 깜짝 놀랐어
요. 그전에 통화하실 때 목소리는 정말 건강하셨거든요. 고관절
을 다치시면 치매가 쉽게 온다고 했대요. 여성분들은 뼈가 약하
기 때문에 쉽게 넘어지고 다치고 하는데요. 남자들보다 여자들
이 유난히 진단율이 높은 게 치매라고 합니다. 진단받는 분들 10
명 중 7명이 여성분이기 때문에 다른 것은 안 하신다고 하더라
도 치매보험은 여자라면 무조건 가입해놓으셔야 해요. 나중에
해야지 하시면 보험료만 올라가고 보장만 늦어지는 거라 지금
건강하실 때 가입 도와드릴게요."

타사에서도 마케팅 전화를 수없이 받는 고객들이다. 남들과 똑같이 해서는 성공할 수가 없다. 안 되면 되게 하는 것이 우리 업무다. 출근을 했다면 한 건이라도 계약하고 가자. 고객이 내 전화를 들어줬다면 반은 성공한 것이다. 상품 설명으로 고객을 설득하려고만 하지 말고, 나만의 스토리로 고객의 귀를 열어보자. 나만의 스토리가 꽉 찼다면 지인의 스토리, 매스컴, 뉴스 자료를 파는 것도 하나의 좋은 방법이다.

판매는 감성이고, 클로징은 이성이다

고객의 마음을 자연스럽게 열 방법이 있다. 바로 감성에 호소하는 방법이다. 감성을 자극하는 데 필요한 요소가 있다면 바로 스토리다. 사람은 자신과 비슷한 경험을 가진 사람의 이야기를 들을 때 공감대가 형성되고, 자연스럽게 마음의 문을 열게 된다.

급성 심근경색증으로 보험금을 받아 간 고객이 있었다. 계약자는 본인이고, 피보험자가 남편이었다. 급성 심근경색증은 사실 보험금을 받기가 쉽지는 않다. 심장마비로 골든타임을 놓쳐 사망하게 되면, 사인에 대해서 가족들이 부검하지 않는 이상 잘 모르기 때문이다. 보험금을 받아 가신 분들이 나는 사실 궁금했다. 증상이 어땠고, 어떻게 바로 병원에 갈 수 있었는지 말이다. 고객은 남편이 저녁에 식사하고 소화가 안 된다며 소화제를 한 알 먹었다고 했다. 소화제를 먹어도 계속 속이 더부룩하다고 해서 응급실을 갔다. 급하게 수술하신 덕에 현재는 일상생활을 하는 데 전혀 문제가 없다고 하셨다. 고객은 "이 아저씨 내가 밤에 응급실 가자고 안 했으면 자다가 하늘나라 갔을지도 몰라요. 내가 생명의 은인이라며 우스갯소리로 평생 내 종이 된다고 하대요. 보험금도 저보고 알아서 하라고 하더라고요" 하시며 웃으셨다.

"고객님, 배우자님이 정말 운이 좋으셨네요. 배우자님이 복이 많으세요. 고객님 같은 현명한 아내분을 두셔서요. 저 같았으면 소화 안 된다고 응급실까지 가지는 않았을 것 같은데 아무튼 고객님도 정말 놀라셨겠어요. 그래도 이만하니 얼마나 다행이에요. 저는 사실 친정엄마가 새벽에 화장실에서 볼일 보시다가 갑자기 심장마비로 떠나셨거든요. 시골이라 119를 불렀는데도 골든타임을 놓쳐서 지금도 너무 그립고, 보고 싶네요. 두 분 다 정말 부럽습니다."

"그런데 고객님, 저희 회사에 배우자님 보험은 넉넉하게 들어 놓으셨는데, 고객님 보험은 암보험만 있으셔서요. 고객님은 타사에 심혈관 쪽으로 준비가 잘되어 있으신 거예요?"

"저는 담배도 안 피우고, 집에서 노는 주부라 필요성을 못 느껴서 그냥 안 넣었어요."

"고객님, 지금 연령대가 여성호르몬이 줄어드는 시기고, 여성 호르몬이 안 나오다 보면 혈관 벽이 약해져서 진단받는 분들도 많으세요. 고객님은 따로 약 드시는 것은 없으세요?"

"혈압약을 아주 작은 것 하나 먹어요."

"사실 약을 안 드시는 분들보다 약을 드시는 분들의 진단율은 70%가 넘어간다고 합니다. 그럼 작은 거라도 하나 해놓으세요. 배우자님도 이렇게 진단받을 거라고는 전혀 생각지 못하셨을 거예요. 준비해놓으시면 위험도 피해 간다는 말도 있잖아요. 남자보다 여자는 보험료가 더 저렴하니 제가 배우자님하고 동일 조건으로 해서 가입 도와드릴게요."

사실 보험금을 받으셨던 분들은 추가 계약을 권하기가 쉽다. 하지만 보험금을 받았다고 무조건 가입을 또 하는 것도 아니다. 이성적으로 "보험금을 이렇게나 많이 받으셨는데 추가 가입 하나 하세요!" 하고 말하는 것보다는 감성으로 고객에게 다가가 마음을 열게 한 다음, 이성으로 빠르게 클로징 하는 것이 가입 부담 없이 쉽게 계약을 할 수 있다.

오랜 시간 동안 상담했는데 클로징할 때 고객이 "너무 비싸요"라고 말할 때는 고객 말을 액면 그대로 받아들이면 안 된다. 나도 처음에는 고객이 보험료가 비싸다고 반론을 하면, 전화로 하는 다이렉트 상품이라 직접 시중에서 가입하시는 것보다 저렴하다고만 이야기했다. 그럼 고객은 "안내장 보내주시면 생각해볼게요"라든지 "관심이 없어서요"라며 일방적으로 뚝 끊었다. 처음 도입 인사 시에 그냥 끊으면 그런가 보다 했지만, 설명을 다 들었는데 고객이 일방적으로 끊은 것은 내 콜에 문제가 있다고 봤다.

나도 물건을 살 때 내가 내는 돈에 비해 혜택이 적으면 한 번 더 생각해보게 된다. 구매 결정이 굉장히 빠른 나도 결정을 미루는 것을 보면서 '내가 고객이라면…' 하고 생각해봤다. 고객이 설명을 자세히 들었는데 보험료가 비싸다고 하는 것은 본인이 내는 보험료에 비해 내가 제시하는 혜택이 적어서 싫다고 말하는 것 같았다.

며칠 후 나는 다시 전화를 걸었다. 안내해드린 상품의 장점을 최대한 적어서 다시 설명했다. 왜 고객님께 이 보험이 꼭 필요한지를 더 집중적으로 안내해드렸다. 내 경험을 이야기하면서 말이다. 내가 고객에게 도움을 주는 사람이라고 생각한다면 클로징을 못할 이유가 없었다. 고객은 흔쾌히 가입을 해주셨고, 오히려 다시 전화 줘서 고맙다고 하셨다. 용기를 내서 전화한 나에게 마음껏 칭찬해주며 나는 이 고객을 통해서 또 배우고 성장하게 됐다.

한번은 상담 중 다른 상품을 권했는데, 고객이 대뜸 종신보험에 대해 문의하셨다. 상담 중 대화를 나눠 보니 혼자 아이 둘을 키우는 싱글맘 고객이었다. 혼자 자녀를 키우는 가장의 무게는 얼마나 무거웠을까. 그래도 참 밝으셨다. 긍정적으로 살다 보니 살아지더라고 하셨다. 종신보험은 보장에 비해 보험료가 비싸다. 나는 고객님과 대화를 나눠 보고 정기보험으로 권했다. 정기보험은 정해진 기간 안에만 내가 보장을 넣어놓는 상품이다. 보험료가 저렴하지만, 나중에 돌려받는 것이 전혀 없는 순수 보장형 상품이다. 10년마다 갱신도 해줘야 했다.

하지만 현재 상황에서 고객에게는 정기보험이 훨씬 낫겠다고 생각했다. 괜히 비싼 보험료를 내다가 중간에 납입이라도 못 하게 되면, 이도 저도 아닌 것이 되어버리기 때문이었다.

"고객님, 지금 생활비뿐만 아니라 아이들 앞으로 나가는 것도 많이 있을 텐데요. 아이들이 성인이 될 때까지만 보장을 크게 넣어놓고, 아이들이 어느 정도 성장해서 각자의 가정을 찾고 하면 사망의 의미는 크게 없으실 것 같아요. 정기보험을 넣어서 갱신 두 번 정도만 하고 중지시키는 것이 고객님에게 훨씬 나은 방법일 것 같아요. 차라리 지금 남은 보험료로 아이들을 위해서 쓰시는 게 좋으실 것 같은데 고객님 생각은 어떠세요? 제 가족이라면 저는 정기보험을 권했을 거예요."

고객은 이런 상품도 있냐며 좋아하셨다. 사망 보장을 넣으려면 비싼 종신보험만 있는 줄 알았다고 하셨다. 고민을 많이 하고 여쭤봤는데 본인 입장에서 본인에게 딱 맞는 상품을 권해주셔서 고맙다고 하셨다. 사실 사망보험은 고객이 문의하지 않는 한 권하기가 정말 힘든 상품이기는 하다. 그래도 사람 일은 정말 모르는 거니까 만에 하나 한두 개 정도는 해놓는 것도 나쁘지 않다. 여유가 있다면 종신보험 한 개, 정기보험 한 개 이렇게 설계하는 것도 추천해드리고, 경제적으로 좀 힘든 고객이라면 정기보험을 안내하는 것도 좋았다. 갱신보험이라고 해서 무조건 나쁜 상품은 아니다. 다 장단점이 있으므로 정확히 고객이 원하는 상품으로 맞춤 설계해주면 고객 반응이 참 좋았다.

나의 이득만을 챙기는 설계가 처음에는 좋을지 모른다. 그런데 그렇게 하면 오래가지 못한다. 고객은 아무것도 모르는 것 같지만 당신보다 훨씬 더 똑똑하다. 장기간 일하고 싶다면 고객을 항상 내 가족을 대하듯 상담하며, 먼저 생각해야 한다. '어떻게 하면 고객의 문제를 해결해주면서 가장 좋은 방법으로 권해드릴 수 있을까?' 하고 말이다. 내 가족이라면 이성적으로 상담하지 않는다. 정말 감성적이고 진심으로 다가가게 되고, 이게 정말 필요한 것이라면 강하게 클로징한다. 다음으로 미룰 필요가 없다. 판매는 감성이고, 클로징은 이성이다.

5장

사람의 마음을 움직이는 것은 진심이다

고객을 사로잡는 힘은 공감이다

공감대 형성은 빠른 친밀도 형성에 큰 역할을 한다. 공감대를 형성하면 상대방의 감정을 이해하고 공감하며 적극적으로 대화를 나눌 수 있기 때문이다. 또한 서로를 더 잘 이해하고 존중하며 친해질 수 있게 된다. 공감대가 필요한 이유는 상대방과의 의사소통이 원활해지기 때문이다. 그리고 공감을 통해 상대방의 어려움이나 감정을 이해하고 생각을 공유하면서 서로를 이해하는 과정을 거쳐 친밀감이 생길 수 있다.

나는 20대부터 이 일을 시작했다. 지금은 40대가 됐으니 꽤 오래 이 일을 해왔다. 같이 일하는 동료들의 나이는 다 나보다 많다. 내 나이 때 이 일을 시작하는 사람은 많았지만, 나처럼 이렇게 오래 근무한 또래는 없었다. 늘 나이로는 팀에서도 막내였으니 말이다. 그런데도 만나서 이야기하면 말이 잘 통하고, 공감대 형성이 너무 잘됐다. 회사 친구가 곧 내 친구가 되는 것이다.

하루 종일 고객과 통화하다 보면 쌓인 게 많다. 퇴근 후 만나서 이야기하면 서로 말하기 바빴다. 다 내 고객만 이상한 것 같았다. 이렇게 이야기하다 보면 시간 가는 줄 모른다. 하루 종일 말을 하는데도 또 이렇게 쉬지 않고 이야기하는 것을 보면 우리는 서로 대단하다고 해준다.

이 업무를 잘 모르는 사람들은 편안한 사무실에 앉아서 고객 응대만 하는 것인데 뭐가 힘드냐고 할 것이다. 그런 사람들에게 "와서 1시간만 앉아 있어 보라"고 하고 싶다. 나는 사람을 상대하는 일이 세상에서 제일 힘든 것 같다. 그래서 우리는 가끔 어디 아무도 없는 무인도에 가고 싶다고, 아무 생각 없이 단순 노동만 주야장천 하고 싶다고 말한다. 나는 퇴근하고도 집에 와서 습관적으로 TV를 틀었다. 그것도 음소거로 해놓고 말이다. 말이 듣기 싫어서였다. 조용히 움직이는 그림만 봐도 힐링이 됐으니까.

한없이 부정적으로 생각하면 힘든 일이고, 또 반대로 긍정적으로 생각하면 고객을 만나 가치를 전달할 수 있어서 참 행복한 일이다. 그리고 어느 누가 내 이야기를 들어주겠는가. 말을 해야 사람은 스트레스가 풀리는 법이다. 고객 또한 내가 들어주지 않으면 말할 곳이 없다고 하는 분도 있었다. 일이 정말 하기 싫은

날은 마음이 잘 맞는 고객에게 전화해 수다 떠는 날도 있었다. 전화만 해도 상대에게 기쁨을 주는 그런 사람, 언제든지 힘들면 전화하라고 해준 고객이 나는 지금도 정말 고맙다.

일할 때도 마찬가지다. 우리가 고객과 만날 때 너무 권위적으로 상담하면 고객은 거부감을 느낀다. 기존에 가지고 있는 보험들을 정리해주면서 라포 형성을 하는 것이 정말 중요했다. 무조건 전화해서 "보장 부족한 것 있으니까 추가하세요" 하면 고객은 당연히 "바빠요. 관심 없어요" 하고 끊어버린다. 그런 고객에게는 이렇게 말해본다.

"고객님, 당연히 바쁘시죠. 그런데 하루 중에 5~10분 정도는 몸이 아무리 바빠도 마음이 쉴 수 있는 시간은 줄 수 있으시잖아요? 잠깐만 시간을 내주시면 고객님께서는 엄청난 정보를 받아보실 수 있으세요. 지금은 바쁘다고 하셨는데 몇 시쯤 잠깐 통화가 가능하실까요?"

"그럼 이따 4시쯤 전화 한번 주세요."

이렇게 한 번 더 기회를 얻을 수 있었다. 암 진단비를 가지고 있는 고객이었다. 옛날 보험이라 20년 만기가 되면 갱신도 안 되고, 자동으로 소멸되는 보험이었다. 2년 뒤면 만기가 될 고객이었다. 만기가 되기 전에 추가로 가입해드리고 싶었다. 고객은 "그때 만기가 되면 내가 알아서 할 거예요. 그거 말하려고 전화한 거예요?"라고 했다.

"고객님, 만기 날짜를 알고 계셨다니 정말 다행입니다. 대부분의 고객님이 모르고 계셨거든요. 보험에 대해 꼼꼼히 잘 관리하고 계시나 봐요. 그럼 암보험은 신규로 가입을 하게 되면 면책 기간이 있는 것 아시죠? 만기가 되어서 그때 새로 가입하게 되면 2년이라는 기간이 붕 뜨기 때문에 당연히 건강하시겠지만, 만약 진단이라도 받게 되면 50%밖에 보장을 못 받으세요. 그래서 만기가 되기 전에 추가 가입해놓으셔서 만기 전까지는 중복 보장으로 받으시고요. 2년 뒤에 기존 암보험이 만기가 되면 추가해놓으신 기간이 2년이 넘는 기간이라 보장받는 데 문제가 없거든요."

"그게 무슨 소리예요? 다시 천천히 말해봐요."

고객 귀가 열렸다. 천천히 다시 재설명을 해드렸다. 고객은 처음 알고 계신 것처럼 나에게 질문을 하기 시작했다. 지금 가입 안내해드리는 것은 보장 기간도 옛날처럼 짧지 않고 100세, 거의 평생 보장이었다. 그동안에는 건강하셔서 보장 안 받으셨지만 앞으로 건강은 더 좋아질 수는 없으므로 암 진단비는 반드시 해놓으셔야 한다고 말씀드렸다.

"그쵸. 필요한 것은 알겠는데 내가 언제까지 돈을 벌지도 모르고 해서요. 생각해볼게요."

"고객님은 건강하셔서 이런 고민도 하시는 거예요. 고객님 연령대에 이렇게 건강하시기가 사실 쉽지 않거든요. 하고 싶어도 건강이 허락이 안 되어서 못 하시는 고객님들이 많으세요. 건강하시니까 지금까지 일도 하시는 거잖아요. 경제 활동하실 때 준비해놓으세요. 나중에 해야지 하시면 건강도 허락이 안 될 수 있고, 보험료는 그만큼 올라가서 지금보다 부담이 더 커지거든요. 나가시는 지출을 조금만 절약하셔서 고객님 가족을 위해 준비해드릴게요."

"나이 들어서 아프면 자녀들이 알아서 해주겠죠?"

"고객님, 맞습니다. 충분히 훌륭한 자녀분들이 도와주실 거예요. 그런데 부모 마음은 다 똑같은 것 같아요. 아플 때 부담 주기 싫으시잖아요. 그래서 보험도 넣어 놨던 거고요. 제 고객님

중에 봉제 일을 하시는 분이 있었는데요. 일하다가 뇌출혈로 갑자기 쓰러지셔서 응급으로 수술하신 고객이 있었어요. 그런데 보험이 운전자보험 말고는 없었대요. 그러니까 자녀들이 하는 소리가 '엄마는 남들이 다 들은 그 흔한 보험 하나도 없어?'라고 했대요. 아픈 것도 서러운데 자식들이 저러니까 자식 키워 봤자 쓸모없다면서 한숨을 푹푹 쉬시더라고요. 자녀들한테 기대는 시대는 끝난 것 같아요. 건강하셔서 보험료를 저렴하게 내실 수 있으시니까 그때처럼 몇 가지만 여쭤보고, 중복 보장 가능하실 때 가입 도와드릴게요. 나중에는 그때 해놓길 정말 잘했다고 하실 것입니다."

요즘에는 새로운 사람을 만나면 가장 먼저 확인하는 것이 혈액형이 아니라 MBTI다. 그중 세 번째 자리를 차지하는 'F' 또는 'T'는 공감 방식의 차이를 의미한다. 공감은 타인의 기쁨, 슬픔, 공포와 같은 정서적인 상태를 공유하고 이해하는 능력이다. T는 정보를 바탕으로, F는 감정을 바탕으로 공감하는 사람을 의미한다고 알려져 있다. 여기에서 알 수 있는 것은 사람마다 제각기 방식은 다르지만, 어찌 됐든 사람은 '공감'을 하는 존재라는 점이다.

나는 'ISFJ'다. 감정을 바탕으로 공감하는 사람이다. 실제 내 콜을 들어보면 나는 정말 감정적으로 고객에게 다가간다. 내 이야기와 실제 고객 사례담을 많이 이야기했다. 상품 설명은 누구에게나 다 들었을 것이고, 보험에 대해서 너무도 잘 아시는 분들이기 때문이다. 실제로 내 이야기를 먼저 하면, 고객들은 스스로 공감해주고 본인 마음의 문을 여는 경우가 정말 많았다. 마음의 문을 열고 가슴으로 감동시키면 고객은 내가 어떤 말을 하든, 어떤 설계를 권유하든 상담원이 알아서 잘해달라고 했다. 고객을 사로잡는 힘은 자세하고 정확한 상품 설명이 아니라 무조건 공감해주는 것이라는 것을 꼭 기억하자.

경청은 고객을 움직이는 힘이다

텔레마케팅 화법에서 가장 중요한 것이 무엇일까? 바로 '말을 잘 듣는 것'이다. 현란한 말의 기교가 아니라 고객과 공감하는 말을 하는 것이다. 즉, 경청을 하는 것이다. 말하는 것보다 들어주는 것이 더욱 힘들다. 공감과 리액션 등에 많은 에너지를 소모하기 때문이다. '이청득심(以聽得心)', 즉 듣는 것이 마음을 얻는 것이다. 대화의 목적은 소통이고, 소통의 시작은 경청이다. 경청의 중요성을 알지만 실천하기는 쉽지 않다. 고객이 많은 이야기를 하는 상담일수록 세일즈 성공 확률이 올라간다.

대화에서는 두 부류의 사람이 있다. 한 부류는 말을 하는 사람이다. 그렇다면 다른 한 부류는 어떤 사람일까? 많은 경우 듣는 사람이라고 대답한다. 그러나 정답은 아니다. 바로 말을 하려고 기다리는 사람이다. 재미있지 않은가? 듣는 사람은 없으니 말이다. 경청이 그만큼 어렵다는 뜻이다.

우리 업무를 하면서 충분히 활용되는 예를 한번 살펴보자. 예전에는 암보험이 진단비, 수술비, 입원비로 설계가 됐다. 그런데 새로운 의료기술이 발달함에 따라 암이라고 해서 무조건 개복해서 수술하지는 않는다. 그래서 비급여까지 보장이 되는 암의 치료법에 관련한 상품들이 다양하게 나오고 있다. 전화를 받자마자 고객이 "요즘 표적 치료비가 좋다고들 하던데요?"라고 하면, 나는 뭐라고 응대하는 것이 좋을까? "그럼요. 표적 치료비가 뭐냐 하면요?"로 대화한다면 말을 하려고 기다리고 있었음을 증명하는 것이다. 이때 "어떤 점이 좋다고 하던가요?"라고 물어보는 것이 효과적인 세일즈 경청 기법의 적용이다.

고객은 자신의 주변에서 들은 간접경험을 통해 표적 치료비의 장점을 스스로 이야기하게 될 것이고, 상담원인 나는 이에 덧붙여 추가로 암 치료비의 장점을 설명해도 되는 '대화'의 형식으로 상담이 이루어지게 된다. 그럼 서로 공감이 되니, 먼저 고객에게 질문을 해서 말을 들어주는 것이 상담의 시작이다.

하루는 상품을 안내하고 있는데 고객이 내 말을 듣고 있는 것인지, 수화기를 그냥 내려놓은 것인지 의심이 됐다. 나는 상담을 하면서 중간에 꼭 고객에게 클로징을 하기 위해 질문을 자주 하는 편이다. 내 이야기를 잘 듣고 있는지 확인도 할 겸, 상담하는

데 유리한 점이 참 많기 때문이다. 그런데 이번에는 내가 말하고 있는데, 고객은 다른 사람과 이야기하는 것 같았다.

"고객님, 지금 제 이야기를 듣고 계시는 거예요?"

"네, 말씀하세요."

"제가 지금까지 이야기한 것 이해는 되셨어요?"

"보험을 추가하라고 전화한 것 아니에요?"

"무조건 추가하라고 전화를 드린 것은 아니에요. 고객님께 좋은 정보를 전달하고자 연락드렸는데 바쁘신지 제 상담에 집중을 못 하시는 것 같아서요."

"언제부터 우리가 잘 듣고 있는지 확인했나요? 무작정 못 알아듣게 후다닥 가입만 시키면 뚝 끊던데요."

고객 마음이 충분히 이해됐다. 나도 경청을 제대로 했을까? 일방적으로, 내 목적대로 가입만 시키는 것이 더 우선이었던 것 같았다. 그래서 고객이 말을 하려고 하면 내가 그 말을 자르고,

내 이야기를 해서 고객의 입을 닫게 한 경우도 있었다. 그러면서 나는 내 이야기를 고객이 잘 들어 주기만을 바랐던 이기적인 사람이었던 것이다. 내 말을 중간에 딱 자르고 본인 이야기만 하는 것은 내 에너지가 다 빠진다고만 생각했다. 그런데 이 고객을 통해서 나는 내 이야기보다는 고객에게 질문을 하고, 고객의 말을 더 많이 들어주려고 노력했다.

내가 말을 많이 해야 계약이 잘 나올 것으로 생각했는데, 고객이 말을 많이 할수록 가입으로 이어지는 경우가 훨씬 많았다. 경청은 여백이다. 말을 하고 싶은 내 욕구에 여백을 넣고, 고객에게 그 여백을 양보하는 것이다. 여기에 보험에 맞는 준비된 질문과 정리하기, 칭찬하기 등이 결합하면, 상대방은 주인공이 되어 훨씬 더 효과적으로 대화가 진행된다. 고객 중에 자기주장이 강한 분이 있었다. 내가 들었을 때 아니다 싶어서 그것은 아닌 것 같다고 이야기하면 오히려 나를 나무랐다. 지금은 어떤 고객이 자기주장만 해도 칭찬한다. "그럴 수도 있겠네요. 그것도 좋은 방법이겠네요" 하고 말이다.

말을 잘하고 싶은가? 그럼 무조건 잘 들어주면 된다. 고객은 내가 잘 들어주고 있다는 리액션을 해주면 좋아하지만, 고객 이름을 상담 중간중간에 불러주면 정말 반응이 좋다. 사실 내 이름을 잊고 사는 사람도 많다. 누가 내 이름을 이렇게 다정하게 불러주겠는가. 나 또한 내가 고객일 때 내 이름을 불러주는 상담원이 참 좋았던 기억이 있다. 칭찬해주기, 고객 이름을 불러주면서 상담하기, 무조건 들어주기가 대화의 성공법이었다.

회사에서 매주 화요일마다 독거노인을 한 명씩 지정해줘서 전화하는 행사가 있었다. 퇴근하기 전에 전화해서 안부도 여쭙고, 하루 동안 있었던 삶을 나누는 전화였다. 어차피 나는 홀로 계시는 아빠에게 자주 전화를 했기 때문에 어렵지 않겠다고 생각했다. 그리고 회사가 정말 고마웠다. 홀로 계시는 어르신들은 사실 하루에 한마디도 못 하시고, TV만 보시는 분들도 많다. 이 어머님도 내가 전화를 안 하면 말을 못 해 입에서 단내가 난다는 소리도 하셨다. 어머님은 80살이 넘으셨는데도 여장부 스타일이셨다. 말씀도 너무 잘하시고, 정말 긍정적이셨다.

처음에는 내가 도움을 드리고자 전화했는데, 나중에는 내가 너무 많은 위로를 받고 있었다. 그분이 30분을 넘게 통화를 하셔도 내가 한 말은 거의 없었다. 그냥 들어주는 것이 전부였다. 어머님은 30년 전 자식을 먼저 보낸 아픔으로 우울증이 심하셨고, 당뇨까지 심해 인슐린 주사를 매일 맞고 계셨다. 당뇨 때문에 드시고 싶은 것도 마음껏 못 드셨고, 코로나로 인해 감옥살이라며 너무 힘들어하셨다. 그러다가 내가 전화만 하면 기다렸다는 듯이 하소연하셨고, 늘 전화를 끊으실 때는 내 이야기를 들어 줘서 정말 고맙다고 하시고 끊으셨다.

"〈미스터트롯〉 덕분에 너무 신이 나고 살맛이 난다" 하시며, '신유'라는 가수의 노래도 읊어 주시면서 가사가 어쩜 인생살이와 똑같냐며 노래를 부르시는데, 트로트를 좋아하셨던 친정 엄마 생각에 눈물도 많이 났다. 아이 같으시면서도 쉬지 않고 이야기하며 기뻐하는 어머님의 모습에 나도 기분이 좋았다. 내가 늘 위로받았다. 하루하루 호흡할 수 있고, 직장이 있는 것에 감사했고, 또 능력을 주셔서 일할 수 있음에 감사했다. 엄마는 비록 내 곁에 안 계시지만, 엄마 같은 어머님을 만나게 해주셔서 감사했다. 어머님이 정말 건강하게 오래오래 사셨으면 하는 것이 내 바람이고, 지금처럼 늘 내 편이 되어주셨으면 한다. 어머님 덕분에 행복하다.

어머님 덕분에 상을 탄 적도 있었다. 사랑 잇는 전화 수기 공모작에 나는 당당히 당선되어서 이 수기가 회사 벽지에 오래도록 붙어 있을 수 있었다. 연도 대상보다 나에게는 더없이 값진 상이었다. 회사 센터장님이 나를 천사로 불러주셨고, 직접 일하는 나를 찾아오셔서 꽃다발과 선물을 안겨 주셨다. 정말 감사했다. 어머님께 도움을 드리고자 전화했지만, 어머님 이야기를 경청해드린 것밖에는 아무것도 한 게 없었다. 나는 너무 많은 것들을 얻게 됐다. 경청은 정말 고객을, 사람을 감동하고 움직이게 하는 힘이 분명했다.

참 간단해 보이지만 사실 쉽지만은 않았다. 경청은 마음가짐이 아니라 방법이기 때문이다. 잘 익히고 훈련해서 습관이 되도록 준비해보자. 고객을 이해시키고 움직이게 하는 힘에 있어서 무엇보다도 필요한 대화의 기본이 바로 경청에서 시작되기 때문이다. 내가 말을 많이 한다고 해서 계약이 잘되는 것이 아니다. 고객이 말을 많이 하게 유도해야 한다. 고객의 마음을 열어주자. 그 마음을 잘 들어주는 것에 훈련이 됐고, 익숙해졌다면 우리의 계약은 따 놓은 당상이기 때문이다.

성공하는 TMR은 특별한 노하우가 있다

어느 성공한 사람의 말이 생각난다.

"성공은 간절히 꿈꿀수록 그것은 더욱 멀어집니다. 성공은 그 것을 향해 가야 하는 것이 아닌, 그것이 나에게 오게 해야 하는 것입니다. 내가 그것을 품을 자세와 그릇이 된다면, 성공은 반드 시 나에게로 찾아오게 되어 있습니다."

누군가가 나에게 "어떻게 그렇게 꾸준히 일을 잘 할 수 있나 요?"라고 물으면, 나는 딱히 알려줄 것이 없었다. 그저 성실히 하루하루 최선을 다한 것밖에는 없기 때문이다. 내가 같은 팀에 서 나보다 일을 잘하는 동료에게 물어봐도 다 나처럼 이야기한 다. "그냥 깡으로 하는 거지. 무슨 노하우가 있어? 늘 미친 듯이 하는 거지"라고 말했다.

성공 비결은 몰라도 어떻게 꾸준히 일을 잘 할 수 있었는지에 대한 방법은 알려줄 수 있다.

첫째는 아침 출근할 때의 마음가짐이다. 누군가는 어쩔 수 없이 출근해서 그럭저럭 있다가 점심 먹고 퇴근만 기다리다 가는 사람이 있는 반면, 나는 오늘 하루도 어떤 좋은 일이 나에게 일어날까 늘 기대하는 마음으로 출근했다. 아침에 남들보다 일찍 출근해서 녹취 콜도 들어보고, 그날에 만날 고객들을 정리해보고 목표를 세웠다.

이렇게 하면 하루의 시작이 다르다. 억지로 콜을 받아서 일하는 사람과 해야 할 목표가 있어서 일하는 사람은 목소리부터가 다르다. 늘 즐겁고 기쁘게 일하는 사람은 항상 성과도 좋았다. 출근한 이상 반드시 계약하고 퇴근하겠다는 마음이 무엇보다 크다. 그래서 어떻게 해서든 할 몫을 하고 퇴근했다. 계약을 못 하고 가는 날이 있어도 오늘은 씨앗을 열심히 뿌렸고, '내일은 내일의 태양이 뜰 거야' 하면서 거둘 것을 상상하며 행복하게 퇴근했다.

둘째는 상담하다가 힘든 고객을 만나더라도 그 고객의 부정적인 이야기는 절대 옆 사람에게 하지 말아야 한다. 그 부정적인 생각이 하루 종일 내 생각을 짓눌러 그날은 희한하게 꼬이는 고객만 만나게 된다. 내 생각과 감정을 힘들게 하는 고객을 만난 것을 남들에게 이야기한다고 해서 풀리지는 않는다. 그때만 잠깐 풀리고 계속 생각이 난다.

오히려 옆 사람이 상담하는 데 방해만 된다. 조용히 눈을 감고 컴퓨터 휴지통에 그 고객과의 감정을 넣고 삭제해라. 그리고 내가 생각할 때 나에게 가장 행복한 감정을 주는 것을 생각해라. 내 감정에 항상 집중해라. 항상 기쁜 감정이 돌게끔 말이다. 이렇게 될 때 좋은 고객을 다시 만나게 된다. 나는 끌어당김의 법칙을 일하면서 정말 많이 믿고 행동했다. 결과는 항상 좋았다.

셋째는 고객이 있어서 내가 이 자리에 있다는 것을 항상 잊지 말자. 이 마음을 잊지 않고 일하면 늘 고객을 존중하게 된다. 먼저 고객의 이야기를 들으려는 귀가 열린다. 경청이 되면 고객은 자연스럽게 마음의 문을 열게 된다. 그리고 어떤 민원이 들어와도 화가 나는 것이 아니라, 오히려 고객이 왜 그래야만 했는지 이해가 된다. 이런 고객들이 나중에는 정말 나의 큰 고객이 될 수 있다.

넷째는 내가 하는 일에 늘 자신감을 가져라. 우리나라는 아직도 보험에 대한 인식이 썩 좋지는 않다. 반면에 보험을 나처럼 좋아하는 사람도 엄청 많다. 좋아하는 고객들에게 도움을 주고 희망을 주며 가치를 안겨주면 되는 것이다. 안 할 사람에게 억지로 내 에너지를 쏟고, 무조건 팔려고만 하면 악순환인 경우가 많았다. 이렇게 계약한 고객들은 말도 많았다. 늘 매사 부정적인 고객들이다. 잘해줘도 욕먹고, 못 해주면 더 먹는다. 관심 있는 고객에게 더 열정을 갖고 나의 모든 것들을 공유해서 오히려 가족 계약을 추가로 하는 것이 훨씬 이득이다.

김승호 작가의 《생각의 비밀》은 성공 노하우에 대해 이렇게 말하고 있다.

"소비자에게 내 상품과 매장이 주는 가치를 만들려 노력해야 한다. 내 매장에 찾아오고 내 상품을 사려는 이유를 만들어놓아야 한다. 다행히 그 이유라는 것은 참 많다.

건강, 사치, 안정감, 도덕성, 유대감, 호기심, 편리성, 미용, 사회적 책임감, 교훈, 흥미 등과 같이 특정한 가치들은 수없이 많다. 그러니 유능한 사업가가 되길 바란다면 소비자에게 상품을 팔려고 하지 말고 가치를 팔려고 생각해야 한다. (중략) 내가 고객에게 상품이 아닌 가치를 팔려고 마음먹는 순간, 나는 장사꾼이 아닌 사업가로 성장한다.

이것은 모든 사업의 가장 근본적 구조이자 원리다."

다섯째는 운동이다. '체력은 곧 실력'이라는 말이 있다. 텔레마케팅은 엄청나게 기가 빠지는 일이다. 정말 체력적으로 받쳐주지 않으면, 내가 더 원해도 이 일을 할 수가 없다. 내 몸이 아프면 자연스레 예민해지고, 고객을 받아주는 것이 짜증이 난다. 더군다나 육체적인 스트레스는 며칠 쉬면 낫는다. 그런데 정신적인 스트레스는 내가 바로 풀어주지 않는 한 몸으로 나타나 몸이 병들기 시작한다. 운동은 아무거나 좋다 내가 오래 꾸준히 할 수 있는 것으로 선택하는 것이 좋다. 10배로 벌려면 10배의 체력이 필요하다는 것을 꼭 잊지 말자.

여섯째는 자기 계발을 꾸준히 하라는 것이다. 나는 사실 열심히, 성실히만 살면 부자가 되는 줄 알았다. 성공한 사람, 부자들에 관한 책을 꾸준히 읽으면서 나는 나의 목표와 꿈이 생겼다. 그래서 그동안에 내가 텔레마케팅하면서 배운 지식과 경험 및 깨달음을 이 책에 아낌없이 쏟아붓고 있다. 나는 작가가 될 것이고, 텔레마케팅 최고의 코치가 될 것이며, 강연도 하고, 사업가로 성공할 것이다. 하나님이 나에게 주신 귀한 달란트를 나누면서 특별하게 삶을 살고 싶어졌다. 사람은 내가 알고 있는 것을 누군가와 나눌 때 가장 행복하다.

마지막으로 소통을 잘해야 한다. 영업 성과가 낮은 상담원들은 대부분 영업이 적성에 맞지 않는다고 말한다. 하지만 가장 대표적인 실패 원인은 올바르지 않은 방법을 계속 반복하는 것에 있다. 누구나 올바른 방법을 알고 꾸준히 실천하면, 반드시 실적 향상이라는 결과를 마주할 수 있다. 올바른 방법은 바로 고객의 입장에서 생각할 줄 아는 것이다. 이는 보험 영업뿐 아니라 자기 분야에서 탁월한 성과를 내는 사람들의 공통점이다.

TMR 역시 마찬가지다. 매일같이 계약을 척척 따내는 텔레마케팅 고수들은 고객을 파악하는 능력이 뛰어나다. 계약할 사람과 그렇지 않은 사람을 구별할 줄 아는 눈이 있다. 어떤 스킬보다도 고객의 마음을 움직일 줄 아는 사람이 성공하는 TMR이 될 수 있다. 자신의 입장에서 필요한 것을 적절히 제안하는 TMR에게 마음의 문을 열 수밖에 없다. 이런 사람을 우리는 '소통 능력자'라고 부른다. 성공하는 TMR은 타고나는 것이 아니라 만들어지는 것이다. 내가 알려준 이 방법대로 따라 하기만 하면 반드시 성공할 수 있다.

설득하지 마라. 공감하게 하라

고객을 얻는 소통의 기술은 설득이 아니라 공감이다. 절대로 고객을 설득하려 하면 안 된다. 쓸데없는 시간 낭비고, 에너지 소비다. 포기하라는 말이 아니라 공감하라는 말이다. 설득하려 하지 말고 그저 고객 마음을 알아주는 것이 중요하다. 고객은 설득할 수도 없고, 설득당하지도 않는다. 오히려 굴복이라고 느낀다.

나는 고향이 전북 고창이다. 고등학교 때부터 전주에 있었고, 대학을 졸업하자마자 서울에 왔으니 고향 사투리는 거의 쓰지 않았다. 그런데 희한하게 같은 전라도여도 남도 고객들의 말투는 참 적응이 안 됐다. 싸움하자고 달려드는 것처럼 무서웠다. 선입견을 품지 않으려고 해도 이상하다 싶어서 고객 주소를 보면 전남 고객이었다. 이것을 내가 꼭 극복해야겠다는 생각이 몇 번 들었는데, 실천하지는 못했다. 그런데 한번은 용기를 내봤다.

그 고객은 전화 받고 질문하는 말투가 셌다. 예전에는 고객이 세게 나오면 안 지려고 더 퉁명스럽게 답을 했다. 그런데 고객이 왜 이렇게 이야기하는지 물어보고 싶었다.

"고객님, 무슨 안 좋은 일이라도 있으셨어요?"

"와요?"

"인사만 해도 계속 툭툭 쏘아붙이셔서 무서워서 제가 말을 못 하겠어요. 전화 받기 곤란하시면 나중에 전화를 드릴까요?"

그러자 갑자기 고객이 웃으시면서 말씀하셨다.

"여기 사람들 말투가 원래 그래요. 화난 거 아니니까 전화 건 용건이나 이야기해보세요."

"아, 그래요? 저도 고향이 전라북도 고창인데요. 저희 쪽이랑 정말 다르네요."

"거리상으로는 가까워도 북도랑은 완전히 다르지요. 서울 사람들이 전화 받으면 오해들 많이 합디다. 그런 갑다 해요. 말투는 이래도 정들은 많아요."

나는 이날 고객과 한참을 통화했다. 본인 친구도 고창 근처인 정읍에 있다는 것부터 해서 이런저런 이야기를 나누며 마음을 열게 됐다. 말투만 그랬지 정말 따뜻한 사람이었다. 경험해보지도 않고 나는 고객을 내가 스스로 판단했다. 고객의 기분이안 좋아서 그런 줄로만 알았는데 용기 내서 물어보길 참 잘했다. 공감해주며 서로 삶을 나누고 그다음 보험을 권하니 설명을 몇번 안 해도 믿고 그냥 가입을 해주셨다. 사실 이런 경우는 많지는 않지만, 무조건 설득하려 했으면 서로가 힘들었을 것이다. 설득과 공감의 차이를 들은 적 있다. 둘 다 변화의 의미를 담고 있지만, 변화의 주체가 다르다는 것이다. 설득은 남에 의해서 변화되는 것이고, 공감은 자기 스스로 변화한다는 것이다. 정말 맞는이야기였다. 공감해주면 고객이 스스로 답을 내렸다.

간혹 고객님들 중에 보험을 이렇게나 많이 넣어도 되나 싶을정도로 가입하신 분들이 있었다. 이런 고객들은 정말 본인의 생각과 가치관이 뚜렷한 사람이 많았다. 물론 보험사에서 전화가너무 와서 올 때마다 가입을 해줬기에 많은 건수를 갖고 계시는분들도 있지만, 보험을 좋아해서 가입해주는 분들이 훨씬 많았다. 이런 분들은 칭찬을 꼭 해주고 상담을 이어갔다.

"고객님, 보험을 정말 퍼펙트하게 골고루 잘 준비해놓으셨네요. 가족 중에 보험설계 하시는 분이 계실까요?"

"아뇨. 저는 그냥 제가 들어서 필요하겠다 싶은 것을 해놓은 거예요. 그러다 보니 이렇게 많아졌네요. 자식도 딸 한 명 있고, 지금은 내가 건강해서 직장도 다니지만 내가 아프면 딸한테 부담 줄까 봐 미리미리 넣어놓은 거예요. 10년이 넘도록 병원을 한 번도 안 간 것 보면, 보험 덕분인 것 같기도 하고요. 부적이라 생각하고 갖고 있어요."

"고객님, 정말 현명하시고 지혜로우세요. 보통 보험을 넣어놓고 보장 한번 못 받고 만기되면 못 받은 것에 몹시 아쉬워하시고 서운해하시는 분들도 많은데, 보험 덕분에 병원 한번 안 가보고 건강하다고 말씀해주시니 고객님 마인드가 최고이십니다. 이런 좋은 생각만 하셔서 마음이 건강하시니, 몸도 당연히 건강하셨을 것 같아요."

칭찬은 고래도 춤추게 한다고 했다. 칭찬은 돈 드는 것이 아니다. 나는 마음에 있는 말로 마음껏 고객을 칭찬했다. 칭찬받고 싫어할 사람은 없지 않은가. 고객 말에 공감만 해줬고, 칭찬해준 것밖에는 없었다. 고객은 묻는다.

"제가 더 추가해야 할 보험이 또 없나요?"

설득하려 하지 않고, 그저 고객의 마음만 알아줘도 고객은 스스로 더 보험에 가입하고 싶어 했다.

내가 만난 고객 중에 보험을 너무 좋아해서 남편도 보험을 넣어주고 싶어 했던 고객이 있었다. 하지만 남편이 뜻대로 말을 안 듣는다면서 하소연하셨던 고객이었다. 보험을 피보험자 몰래 넣어줄 수는 없으니 나보고 전화해서 잘 좀 이야기해달라고 하셨다. 그러나 내가 이야기하는 것보다 고객이 이야기하는 것이 훨씬 낫겠다는 생각이 들어 다음과 같이 말했다.

"고객님, 예전에 한 고객님도 배우자님과 어렵게 녹취해서 가입을 해드렸는데요. 막상 아프거나 다치고 나니까 우리 와이프는 살림도 잘한다며 오히려 칭찬을 해주셨대요. 사람 마음은 다 똑같은 것 같아요. 건강할 때는 나가는 돈이 아깝다고 생각했다가 막상 아프고 나면 직장도 쉬는데 돈 나올 데는 보험밖에 없다고 하시거든요. 병문안 올 때 들고 오는 음료수보다 보험사에서 입금되는 보험금이 최고라고 했대요."

보험 가입을 안 하려고 하는 고객들은 무조건 상품 보장 내용으로 설득하는 것이 아니라 공감해주면서 사례를 들어주는 것이 가장 좋았다. 이 고객도 내가 말한 내용을 남편에게 전달했다고 했다. 고객의 입장이 되어서 문제를 찾아내고 해결책을 제시하면, 고객은 언젠가 나를 찾게 되어 있다. 이 고객도 상담한 주중에 직접 전화 주셔서 배우자님과 정확히 통화해서 가입시켜드렸다.

고객을 설득하지 마라. 설득은 내가 맞고, 고객이 틀리다는 것을 보여주는 행위나 마찬가지다. 설득하기 전에 고객의 말을 제대로 경청하고, 고객의 마음을 이해하는 것이 훨씬 중요하다. 고객을 이해하려면 제대로 집중해서 듣는 것이 중요하다. 오감으로 듣고 감정으로 공감하는 것, 이것이 대화의 본질이다. 물론 쉽지는 않다. 그렇지만 공감하려고 부단히 노력은 해야 한다. 생각만 하면 아무것도 할 수가 없다. 생각으로 끝내는 것과 실천에 옮기는 것은 엄청난 업무 성과로 판가름이 날 것이기 때문이다.

사람의 마음을 움직이는 것은 진심이다

"보통 사람은 입으로 말하고, 똑똑한 사람은 머리로 말하며, 지혜로운 사람은 가슴으로 말한다."

세계 최대 온라인 기업인 중국의 알리바바 그룹의 창업자였던 마윈(馬雲)이 한 말이다.

텔레마케팅이야말로 진심으로 고객을 대해야 가능하다. 한순간 사탕발림으로 고객에게 환심을 살 수는 있어도 진심을 얻을 수는 없다. 마음을 다해서 하는 말은 고객의 마음을 움직인다. "보험만 잘 팔면 되는 것 아냐?"라고 답변할 수도 있겠다. 물론 실적은 좋을 수 있다. 그러나 절대 오래가지는 못한다는 것은 팩트였다. 실제로 한곳에서 영업 실적도 좋으면서 오래 일하고 있는 분들은 모두 고객에게 진심으로 다가가는 사람들이었다.

그렇다면 고객에게 진심으로 대하려면 어떻게 해야 할까? 우선은 내가 전달하는 상품을 잘 알고 파악해야 한다. 이 상품이 내 가족에게 안내할 때도 괜찮은 상품인지 나는 스스로 공부를 많이 했다. 상품을 잘 알지 못하면 진심으로 고객을 존중해줄 수 없다. 고객과 이야기하면서 니즈를 뽑아낼 때 고객이 원하는 것이 뭔지를 빨리 파악해야 한다. 나의 이익보다는 고객에게 맞는 상품을 권해주는 것이 텔레마케터로서 고객을 위해 베푸는 일이라고 생각했다. 이렇게 했을 때 고객은 나를 믿어주고, 가족뿐 아니라 지인까지 소개했다. 진심이 몇 배의 보상으로 돌아온 셈이다.

우리의 삶도 마찬가지로 내가 누군가에게 진심으로 다가간다면 상대방 또한 내게 마음을 다할 것이다. 진심이 느껴지면 마음이 열리게 된다. 그럼 모든 것이 수용된다. 나는 이 일을 오랫동안 해오면서 사실 슬럼프, 번아웃이 수도 없이 왔었다. 이런 것들은 무기력증에서 오는 것도 있었지만, 고객을 진심으로 대했는데 내 마음 같지 않을 때 그만두고 싶다는 생각을 많이 했다. 세상은 정말 내 뜻대로 되지 않을 때가 많이 있다. 그런데 반대로 내 뜻대로 되지 않기 때문에 생각지도 못한 일이 일어날 수도 있는 것이다. 그러니 나의 마음, 나의 진심을 알아주는 고객들만 바라보고 나아가면 되는 것이다.

"절대 그만두시면 안 돼요."

참으로 감사한 고객들이다. 그만두고 싶다가도 책임감 때문에 이 악물고 다시 버티고 일어난 적도 많았다. 그냥 하는 소리가 아니라 그 마음에서 우러나오는 진심이 느껴졌다. 그래서 내 마음이 움직였다. 나만 고객에게 진심으로 대할 때 고객의 마음이 움직이는 것이 아니라, 나 또한 고객 덕분에 마음의 갈피를 잡지 못했을 때 말 한마디에 힘을 얻곤 했다. 사람 마음은 다 똑같나 보다. 한마디에 웃고, 한마디에 죽을 만큼 힘든 것을 보니.

통화를 하다 보면 요즘에는 목소리만으로는 나이를 구별할 수가 없다. 육십 넘으신 고객님들도 요즘에는 정말 청년 같다. 아니, 칠십이 넘으셨는데도 스스로 전화로 보험 가입을 하신다. 놀랍지 않은가. 사실 나는 시골에서 자랐고 내 부모님만 생각해도 혼자서, 그것도 지인이 와주는 것도 아니고 전화로 보험 가입을 한다? 우리 아빠가 가입했다고 하면 나는 놀랄 것 같다. 다들 너무너무 똑똑하시고 총기가 있으시다. 그중에서 기억에 남는 고객이 있다.

"○○○ 고객님 맞으세요? ○○○ 고객님 따님 아니시고요? 죄송한데요. 저희가 본인에게만 안내해드릴 수가 있어서요. 자리를 비우셨으면 이따 다시 전화드릴게요."

"제가 ○○○ 맞다고요."

"네? 목소리가 정말 따님인 줄 알았어요. 어쩜 이렇게 소녀 같으세요? 정말 깜짝 놀랐습니다."

"그런 이야기 너무 많이 들어요. 애들 친구들이 전화해서 제가 받으면 반말할 때도 많았어요."

"우와, 제가 전화 업무만 굉장히 오래 했는데, 목소리 젊으신 분들도 물론 있었지만 단연코 고객님이 최고세요. 목소리 관련된 일이라도 하시나요?"

"그런 것은 아니고요. 예쁜 목소리를 유지하려고 최대한 말을 안 해요. 이게 비결이에요."

"아! 그럼 저는 계속 목을 쓰는데 금방 목소리가 늙는 것일까요?"

"차분하니 신뢰가 가는 목소리예요. 이런 목소리는 잘 안 늙어요."

진심으로 우러나오는 칭찬에 고객은 마음을 쉽게 열어주셨다. 기존 보험 중에 암 진단비만 있고, 암 치료비가 없어서 추가로 안내했다.

"암 진단비 하나만 있으면 되죠. 추가를 꼭 해야 하나요?"
이렇게 질문을 하시는 것은 관심의 표현이다. '들어야 하는 것 같긴 한데, 나한테 필요한 이유를 한번 이야기해줄래요?' 하는 말이다.

"고객님, 사실 진단비가 우선 필요한 것은 맞으세요. 정말 준비 잘해놓으셨는데요. 요즘에는 진단받고 수술도 안 하시는 분들도 계시고, 하루 통원으로 항암, 방사선 치료만 하고 끝나는 경우도 많더라고요. 표적 치료라고 해서 통원으로 주사만 맞고 오시는 분들도 많고요. 비급여 치료라 엄청 비싸대요. 암 진단비 상품에 비해서 보험료도 절반 가격밖에 안 되시니까 부담 없이 많이 가입해주셨거든요. 진단비는 진단비대로 받고, 치료를 받게 되면 치료비는 별도로 또 받으실 수 있는 거예요. 진단은 안 받으시겠지만, 같이 해놓으시면 치료비도 고객님께서 직접 골라서 하실 수 있는 거라 너무 좋으실 것 같아요."

사실 TM의 성과를 좌지우지하는 것은 고객의 마음을 여는 도입 인사부터 1분 안에 모든 것이 결정이 된다고 해도 과언이 아니다. 이때 고객의 마음을 열지 못하면 계약하더라도 정말 힘들게 하게 되고, 장시간 통화를 해서 설득하고 설명해도 고객이 쉽게 결정하지 못한다. '무조건 계약해야지' 하는 마음으로 시작하면 내 마음은 조급해지고, 고객은 내 마음을 다 읽고 도망가버린다. 그래서 정말 중요한 것은 고객의 마음을 열어주는 것이 핵심이다. 마음을 여는 가장 큰 핵심은 진심으로 칭찬해주고 배려해주는 마음이라는 것을 잊지 말자.

보험에 가입하고도 보장이 뭐가 있는지를 몰라서 보험금을 못받는 고객들도 의외로 많다. 보험료는 매달 통장에서 빠져나가는데, 어디 보험사에 있는지도 잘 모른다. 당연할 수도 있다. 내일도 바쁘고 정신없는데 들어가는 모든 보험을 알고 있는 분은 흔치 않다. 우연히 지방에 계시는 고객과 통화 연결이 됐다. 특히나 지방에 계시는 분들은 서울 전화를 잘 안 받으시는데 어떻게 연결이 됐다. 두 달 동안 요양병원에 있으셨다가 집에 온 지가 며칠 안 됐다고 하셨다. 똑같은 번호가 너무 자주 와서 받아봤다고 하셨다. 뇌동맥류 파열로 오래 치료받았다고 하셨다.

이렇게 통화가 되니 정말 다행이었다. 그분은 가족도 없고 혼자 계신다고 하셨다. 홀로 계시는 아빠 생각에 마음이 너무 아팠다. 다른 보험사의 보험을 들어 놓은 것 있으시냐 했더니 몇 개 있는 것 같다고 하셨다. 동의받고 전체 보험사 보상 청구 절차 안내를 도와드렸다. 다행히 20년 가까이 유지하고 있는 보험에서 보상 청구가 잘 나갈 것 같아 내심 안도가 됐다. 식사는 잘하시는지 걱정이 되어 여쭤봤더니 다행히 요양보호사님이 오셔서 봐주신다고 하셨다. 계속 "아가씨, 고마워요. 보험금 나오는 것도 몰랐고 받을 줄도 몰랐는데…" 하시며, 도와주셔서 고맙다는 이야기를 계속하시는데 눈물이 났다. "당연한 것을 해드린 것인데요. 건강하세요" 하고 끊었다.

랄프 왈도 에머슨(Ralph Waldo Emerson)은 진심에 대해 이렇게 말했다.

"누군가를 신뢰하면 그들도 너를 진심으로 대할 것이다. 누군가를 훌륭한 사람으로 대하면 그들도 너에게 훌륭한 모습을 보여줄 것이다."

포기하지 말고 기다려라. 멋진 파도는 반드시 또 온다. 항상 느끼지만, 사회생활이나 고객 상담을 하다 보면 인간관계에 있어서 의사소통은 가장 중요하면서도 가장 어렵다. 그래서 진심이면 통한다는 무책임한 말보다는 의사소통이 가장 어렵다는 현실적인 생각을 가지고 상담하는 것이 오히려 상담을 더 잘 할 수 있다. 상담에서 오는 감정 소모나 에너지 낭비를 줄일 수 있기 때문이다.

꿈이 있는 사람은 아름답다

　나는 어렸을 적부터 성공하고 싶은 마음이 컸다. 그래서 남들보다 더 열심히 노력했고 성실하게 일했다. 그 덕에 텔레마케터로서 승승장구하며 살아왔다. 그런데 도돌이표처럼 매일 같은 일을 하다 보니 회의감이 들었다. '평생 이렇게 콜만 하다 죽어야 하나? 언제까지 이 일을 계속해야 하지? 앞으로 나는 어떻게 살아야 하지?' 매일 이런 고민에 빠졌다. 하루하루를 즐기기보다는 버텨내기 바빴다.

　그러던 중 김태광 작가의 《자본 없이 콘텐츠로 150억 번 1인 창업 고수의 성공비법》을 읽게 됐다. 그러면서 내가 하고 싶은 것을 하며, 책을 쓰는 메신저가 되리라 결심하게 됐다. 내가 이런 결심을 하게 만들어준 이 책 속의 한 구절이다.

　"당신도 나처럼 될 수 있습니다. 지금부터 한 달 벌어 한 달

먹고사는 스펙 인생에서 벗어나도록 도와드리겠습니다. 나를 찾아오세요. 내가 인생을 뒤집을 수 있는 비법을 전수해 드리겠습니다."

또한, 이 책은 1인 창업 방법을 다음과 같이 명확하게 제시해 주고 있다.

"최고의 직업은 내 경험을 전하는 1인 창업가다. 지금부터라도 자유를 팔아 돈을 버는 환경에서 벗어나야 한다. 스펙을 하나 더 추가해서 더 나은 조건으로 이직해봤자, 몇 년간이다. 또다시 지금과 같은 고민을 하는 시기가 온다. 이제는 사축*의 신세에서 벗어나 '자유인'이 되어야 한다. 그러면 지금보다 더 짧은 시간 일하면서도 더 큰 수입을 벌어들일 수 있다. 즐겁게 일하면서도 수십 배, 수백 배의 수입을 올릴 수 있다."

이 책에서는 나의 지식과 경험과 깨달음을 나눔으로써 돈을 벌 수 있다고 한다. 그게 바로 '메신저의 삶'이라고 한다.

나는 이 책을 읽기 전까지는 텔레마케팅을 너무 오래 했다. 그

---

* 사축 : 회사와 가축을 합쳐 만든 신조어로, 자신의 자유 의지와 인생을 회사에 좌지우지 당해 회사의 가축이나 다름없는 처지가 된 불쌍한 직장인을 일컫는 말이다.

래서 색다른 일을 찾아보고자 했다. 한 가지 일을 이렇게 오래 해 온 나를 치켜세워 보기도 했다. 그냥 열심히 살다 보니 시간이 이렇게 가버린 것도 같았다. 지겨웠다. 어디로든 아무도 없는 곳으로 도망치고 싶었다. 그래서 스스로에게 이런 질문을 자주 했다.

'나는 콜 말고 잘하는 게 대체 뭘까?'

남들은 꽤 많은 달란트를 받은 것 같은데, 나는 그냥 조금씩 잘하는 것 말고는 특출나게 잘하는 것이 없는 것 같았다. 생계가 달려서 어쩔 수 없이 이 일에 매달려 있었던 것 같았다. 다른 방법을 못 찾은 나는 서점에 가서 책만 주야장천 읽었다. 특히, 성공 스토리를 담은 자기 계발서를 자주 읽었다. 그래도 나의 삶은 크게 바뀌지 않았다.

그런데 김태광 작가의 책에서는 아주 당당하고 확실하게 나의 지식과 경험을 팔라고 했다. 내가 하고 싶은 일을 하면서 돈도 자유롭고 쉽게 벌 수 있다고 했다. 나는 저자가 운영하는 〈한책협〉에 등록했다. 퇴근하고 오면 저자가 진행하는 유튜브 방송도 빼놓지 않고 봤다. 유일하게 나를 힐링시켜 주는 방송이었다. 정말 메시지가 확고하고 명확했다. 게다가 신뢰감까지 들었다. 나는 새로운 인생을 시작할 수도 있다는 생각에 너무나 기뻤다.

누구나 되고 싶어 하거나 가지고 싶은 것이 있다. 이것을 꿈이라고 한다. 나는 하루에도 몇 번씩 내 꿈을 이룬 나의 모습을 시각화한다.

권동희 저서 《미친 꿈에 도전하라》에서는 이렇게 조언한다.

"생생하게 꿈꾸면 반드시 꿈은 실현된다. 생생하게 꿈꾼다는 것은 자신이 무엇을 원하는지 확실히 알고 있다는 뜻이다. 뿐만 아니라 '어떻게 하면 그것을 보다 빨리 성취할 수 있을까?'라는 끊임없는 질문을 통해 답을 찾는다. 이때 잠재의식은 우리가 상상하지 못하는 놀라운 힘을 발휘한다. 꿈과 관련된 정보를 끌어당겨 꿈을 실현하기 위한 도구로 삼는다. 따라서 자나 깨나 꿈을 갈망하는 사람은 그렇지 않은 사람에 비해 훨씬 빨리 성공하게 되는 것이다. 생생하게 꿈꾸고 간절히 바라면 이루어진다."

나는 내 책을 읽고 찾아오는 사람들에게 목숨 걸고 코칭하며 컨설팅해주려 한다. 내가 어떻게 수십 년 동안 기복 없이 텔레마케팅으로 영업 성과를 낼 수 있었는지 말이다. 현재 텔레마케터로 활동하며 힘들어하는 사람에게도 의식 확장 방법을 전달해주고 싶다.

성실히, 열심히만 사는 것이 답이 아니다. 모든 문제는 우리의 내면에 있다. 내면이 확장되면 그대로 외부의 현실에 나타난다. 그러니 의식 성장을 우선순위에 두어야 한다. 의식이 성장하면 온 세상이 달리 보인다.

이런 팁 외에도 콜할 때 꼭 필요한 멘탈 관리 방법 또한 자세히 코칭하고 컨설팅해주고 싶다.

어떤 한 사람이 행복해지려면 자신의 의식을 바꿈으로써 인생을 바꿔야 한다는 것, 의식에서 모든 것이 창조된다는 것 또한 꼭 알려주고 싶다. 그런 내 모습을 상상하면 정말 설레고 기분이 좋다.

지금까지 나는 콜 노하우를 가까운 팀원들에게만 전해줬다. 회사 사람들에게서 노하우를 쉽고 간결하게 잘 전달해준다는 소리를 곧잘 들었다. 이제는 더 많은 사람에게 내 콜 비법을 알려주고 도움을 주는 사람이 되고 싶다. '텔레마케팅 코칭 하면 김수경이지' 이런 소리를 들을 것이다.

회사든, 어디서든 나를 불러주면 기꺼이 강연도 하러 갈 것이다. 내가 내 경험으로 도움을 주고서 벌어들인 수입을 어려운 사람들과 나눌 것이다. 내 도움을 구하는 사람들에게 아낌없이 내 노하우를 알려줄 것이다. 내 지식과 경험과 깨달음을 나누어 선한 영향력을 끼치는, 꿈이 있는 작가, 코치, 강연가가 될 것이다.

이나모리 가즈오(稻盛和夫)는 저서 《좌절하지 않는 한 꿈은 이루어진다》에서 이렇게 말했다.

"인생이란 시련의 연속이며 우여곡절도 많고 어떤 일이 일어날지 알 수가 없다. 주위 사람들 모두가 부러워할 만한 행운을 만날 때도 있고 예상치 못한 실패나 시련을 겪기도 한다. 그러나 분명한 것은 인생의 명암을 가르는 것은 행운이나 불운에 달려 있지 않다는 것이다. 모든 것은 마음먹기에 달렸다. 어렵고 힘들다고 희망을 잃어서는 안 된다."

꿈이 있는 사람보다 아름다운 사람은 없다. 꿈을 이루기 위해 노력하는 모습에서 강력한 열정을 느낄 수 있기 때문이다. 성공한 사람들이 하나같이 꿈을 향해 나아가듯이 나 역시 이 꿈을 향해 열심히 고군분투할 것이다. 내가 이루고자 하는 꿈을 생생하게 상상하며 끌어당기고 있다. 나는 꿈이 정말 좋다. 내가 살아가야 할 존재의 이유이기 때문이다. 나와 늘 함께하시는 주님과 동행하며 천국처럼 살다 천국처럼 갈 것이다.

TM은 결과로 말한다

제1판 1쇄 2023년 12월 20일

지은이   김수경
펴낸이   한성주
펴낸곳   ㈜두드림미디어
책임편집   신슬기, 배성분
디자인   얼앤똘비악(earl_tolbiac@naver.com)

㈜두드림미디어
등록   2015년 3월 25일(제2022-000009호)
주소   서울시 강서구 공항대로 219, 620호, 621호
전화   02)333-3577
팩스   02)6455-3477
이메일   dodreamedia@naver.com(원고 투고 및 출판 관련 문의)
카페   https://cafe.naver.com/dodreamedia

ISBN   979-11-93210-31-4 (03320)